시작해!!
배드민턴

시작해!! 배드민턴 ——

곁에 두고 그냥 읽자, 배드민턴이 시작된다

서동휘 황지만 최섭 지음

bs

배드민턴은 4.74~5.50g의 가벼운 셔틀콕으로 순간 시속 최고 427km/h(기네스북 기록)에 달하는 스피드를 낼 수 있는 박진감 넘치는 스포츠이다. 이처럼 빠른 템포의 랠리가 이어지는 배드민턴은 칼로리 소모량이 많아 다이어트에 도움이 되는 운동으로도 각광을 받고 있다. 또한 일반 스텝을 밟는 과정에서는 유산소 운동을, 스매시와 같은 순간적인 힘을 내는 동작에서는 무산소 운동을 수행하므로 근력, 근지구력, 순발력, 심폐지구력, 유연성과 같은 건강 체력을 증진하는 데에 효과적이다. 한편 배드민턴의 랠리는 한 포인트의 간격이 평균 30초 정도밖에 되지 않으므로 지속적으로 셔틀콕에 대한 집중력을 유지해야 한다. 이 과정에서 게임에 몰입하게 되어 다른 생각을 하지 않게 되므로 정신적으로도 학업, 직장에서의 스트레스를 풀 수 있다는 장점을 가지고 있다. 이러한 배드민턴 활동은 전신 운동으로 신체의 형태적, 기능적인 변화를 가져오고, 인간의 움직임 욕구를 만족시키며, 타인과의 활동으로 사회적 욕구를 충족시킬 수 있기에 세계보건기구에서 강조하는 신체적, 정신적, 사회적 건강을 증진할 수 있다.

2017년 KBS의 조사에 따르면 2017년 우리 나라에서 배드민턴인구는 약 35만 명으로 축구 다음으로 가장 많은 동호인을 보유한 구기 종목이다. 그리고 남성에 편중되어 운영되고 있는 축구와는 달리 남녀노소를 불문하고 즐길 수 있다는 장점이 부각되어 전국민이 즐기는 생활체육 스포츠 종목으로 자리매김하고 있다. 특히 최근 들어 학교 실내 체육관의 보급률이 증가함에 따라 2017 국민생활체육참여조사 실태에서는 배드민턴이 학교 스포츠 클럽 참여 종목 2위(22.6%)로 선정되는 등 더욱 확산되고 있는 추세이다.

하지만 배드민턴은 다른 종목에 비해 상대적으로 진입장벽이 높은 편이다. 이런 높은 진입장벽이 생긴 이유로는 라켓이나 배드민턴화 등의 장비의 비용 많이 드는 것도 있지만, 다른 종목들에 비해 배드민턴은 게임을 즐기기 위한 기본적인 기술을 습득하는 데 오랜 기간이 요구되기 때문이다. 약 1년 정도의 레슨기간을 거쳐야 공격, 수비, 로테이션이 어느 정도 몸에 익을 수 있는 관계로 도중에 중도 포기하는 비율이 상당히 높은 것도 사실이다.

또한 이런 진입장벽 이외에도 배드민턴은 자강, A, B, C, D, E 조의 급수가 뚜렷하게 나누어져 있다는 사실 때문에 부담스럽게 느껴지기도 한다. 실제로 실력이 높은 사람과 게임을 할 때에 실력이 더욱 늘고 배우게 되는데, 일정 실력을 쌓기 전까지는 실력이 다른 사람과 게임을 할 기회가 거의 없다. 우선 급수별로 실력의 차이가 현격하게 나서 높은 급수의 사람들이나 낮은 급수의 사람들이나 재미없게 경

기가 끝나는 경우가 많기 때문이다. 또한 높은 급수의 사람들은 로테
이션이 되지 않는 사람들과 경기를 하다가 부상이나 라켓의 손상 등
을 입을 수 있기 때문에 낮은 급수의 사람들과 게임하는 것을 꺼려하
기도 한다. 결국 급수가 낮아 실력이 부족하니 높은 급수의 사람들과
게임을 하며 배우기 어렵고, 높은 급수의 사람들과 경기 하면서 배울
수 없으니 실력이 향상될 수 없는 '급수의 뫼비우스 띠'와 같은 상황
이 생기는 것이다.

　입문자가 이러한 상황을 타개하고 배드민턴 실력을 향상시키기 위
해서는 '교육'의 힘을 빌려야 한다. 하지만, 현재 배드민턴 기술을 알
기 쉽게 설명하는 교재가 부족한 상황이다. 2018년 11월 기준 인터넷
서점 알라딘에서 '축구'를 키워드로 국내 도서를 검색한 결과 925건,
'골프'를 키워드로 국내서를 검색한 결과 1123건에 달하는 방대한 관
련 서적을 검색할 수 있었지만, '배드민턴'을 키워드로 국내 도서를
검색한 결과 40건에 불과했다. 하지만 이마저도 잡지에 해당하거나
외국서적이거나 오래된 배드민턴 이론을 접목한 경우가 대부분이다.
이러한 상황에서 서적을 통해서 배드민턴 실력을 향상하는 것은 실
질적으로 불가능하다고 볼 수 있다. 즉, 대부분의 배드민턴 입문자는
자기에게 맞는 배드민턴 서적을 읽어서 배드민턴을 이해하고 배우기

보다는 오랜 시간과 비용을 지불하면서 레슨을 받는 상황에 놓일 수 밖에 없는 것이다.

그러면 직접 동호회에 가입하고 전문 코치로부터 레슨을 받아야만 배드민턴 실력을 향상시킬 수 있지만, 실제로 동호회에서 레슨을 받기까지는 또 다른 험난한 과정을 거쳐야만 한다. 먼저 동호회에 등록하기 위해 연간등록비를 내야하며(연간 약 10만), 실제 레슨비(월 약 10만 원)이외에도 기본적인 월회비(약 4만 원)를 별도로 내야 한다. 그리고 대부분의 경우에 레슨을 받을 수 있는 인원수(8-10여 명)에 한계가 있어, 레슨을 받기 위해 몇 개월은 기다려야 하는 경우들이 많이 있다. 또한 레슨을 받는 상황에서 대부분의 코치님들이 전문성을 가지고 성실하게 가르쳐 주시고 있지만, 레슨 코치님의 성향이 자신과 안 맞는 경우들도 많이 있다.

이렇듯 배드민턴 종목에 입문하기 위해서 많은 진입장벽들이 있고, 시간과 비용을 투자하기 힘든 대부분의 입문자가 접근하기에는 많은 어려움이 있다. 최근 이러한 진입장벽을 줄이기 위해 일정기간 동안 집중해서 훈련하는 과정이나 유튜브 영상으로 알려주는 사이트들이 많이 생겨나고 있는 상황이지만 실제적으로 입문자에게 영향을 많이 미치기에는 한계가 큰 것이 사실이다. 이 책은 이러한 진입장벽의 문제를 조금이나마 해결하고자 하는 데 의의가 있다.

"과연 배드민턴에 정답이 있을까?"

야구 투수들의 폼이나 골프 스윙 폼도 모든 플레이어의 체형, 성향 등에 따라 개인별로 많은 차이가 있어 정해진 답이 없는 것처럼, 배드민턴 또한 반드시 이렇게 해야 한다라는 정답이 없다. 하지만 저희 저자들은 어느 정도 실력이 검증된 여러 배드민턴 선수나 코치 분들께서 공통적으로 지적하고 알려주시는 부분을 정리하여 이 책에 싣고자 노력하였다. 이 책에는 초심자분들께서 조금이나마 쉽게 배드민턴에 접근할 수 있도록 쉬운 설명과 일러스트레이션을 통해서 배움에 대한 갈증을 해결하고자 했다. 특히 체육교육 전문가인 서동휘 선생님은 인간운동과학의 메커니즘에 대한 연구들을 통해 어떻게 힘을 부상 없이 셔틀콕에 효율적으로 전달할 수 있는지에 대한 이론적인 도움을 바탕으로 배드민턴을 치는 방법에 대한 설명을 풀어가고자 한다. 또한 최섭 선생님은 다년간의 동호회 활동을 해 오며 배드민턴을 배워나가는 입장에서 할 수 있는 실제적인 고민들을 같이 공감하고 야구나 골프와 같은 다른 구기종목에서의 팁들을 배드민턴에 녹여내어 배드민턴 실력향상 방법을 풀어내고자 하였다.

이 책을 집필하기 위해 배드민턴의 학습 및 운동학적 분석을 연구

하여 정리하였고, 저희 저자들도 그 동안 했던 고민들을 같이 풀어나
갔기에 독자들의 배드민턴 실력도 더 올라갈 것이라 믿고 있다. 이런
노력들이 앞으로 배드민턴을 시작하거나 배드민턴에서 기존과 다른
시도를 하실 분에게 조금이나마 도움이 된다면 그 자체로 저희에게
는 큰 의의로 다가올 것으로 생각한다.

이 책의 강점들을 통해 처음 배드민턴을 시작하고자 결심하신 많
은 초심자들이 배드민턴에 더 효율적이고 편하게 입문하시길 바라
며, 실력 향상에 도움이 되길 바란다. 이 책을 읽으시는 모든 배드민
턴 가족분들이 A조가 되는 그날까지 응원한다.

마지막으로 집필을 지도해 주신 김선진 교수님과 이 책을 편집해
주신 도서출판 브레인스토어, 플라이파워 임직원분들께 감사드리고,
원고 수정에 힘써주신 스누민턴 운동부 및 김인욱 선생님, 민지영 선
생님, 박보라 선생님, 윤공민 선생님, 장성일 선생님, 김평국 선생님,
문찬혁 선생님, 서민우 선생님, 이성연 선생님, 김가현 선생님께 감사
의 말씀을 전한다.

Contents

Contents

❶ 이해를 돕기 위해 QR코드를 수록했습니다

Chapter4에서 Chapter8까지 포인트 동작들을 유튜브 동영상으로 바로 확인
하실 수 있도록 QR코드를 수록했습니다. 저자가 직접 출연한 동영상을 보며
더 재밌고 쉽게 내용을 이해할 수 있습니다.

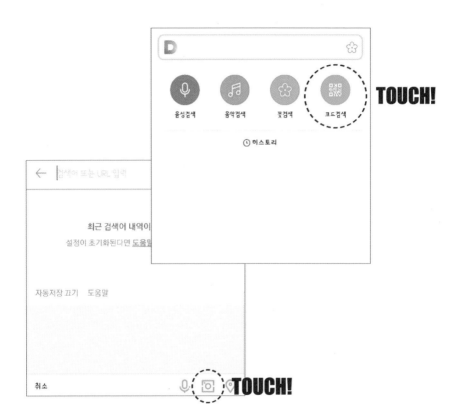

TOUCH!

TOUCH!

❷ 앱으로 인식하세요

QR코드는 스마트폰으로 영상을 쉽고 간단하게 확인할 수 있습니다. 다들 네이버 혹은 다음 앱을 한 개씩은 다운받아 사용하고 계실 겁니다. 네이버나 다음 앱에서 검색창을 클릭하시면 QR코드를 인식할 수 있는 메뉴가 나옵니다. 해당 앱을 사용하지 않는 분들은 플레이스토어(안드로이드 스마트폰)나 앱 스토어(아이폰)에서 'QR코드'를 검색하시면 QR코드를 인식할 수 있는 여러 가지 앱이 나오니 다운로드받아 사용해 주세요.

Chapter 1

배드민턴이란?

01
배드민턴의 어원

─── Origin ───

현대의 배드민턴 경기와 비슷한 형태의 경기는 오래 전 세계 각지에서 실시되었다는 기록이 있지만 근대 배드민턴의 기원은 1820년대에 인도의 봄베이 지방에서 성행하였던 푸나Poona라는 놀이로 시작됐다. 푸나는 인도 전역에 걸쳐 보급되었고, 이를 당시 인도에서 주둔하던 영국 육군사관생도들이 배워 영국으로 돌아와 경기화하게 된 것이 정설이라고 할 수 있다. 이 게임은 당시 영국에서는 그루스타주의 뷰포트 공작 저택을 중심으로 보급되기 시작하였으며 오늘날의 배드민턴이 된 것이다. 이때 뷰포트 공작 저택의 배드민턴 장에서 개최되어 그 지명을 따서 경기의 명칭으로 사용하였고, 이는 오늘날 근대의 스포츠인 배드민턴이 되었다.

02
배드민턴의 역사

--- **History #1** ---

초기 배드민턴은 영국에서 귀족급수만의 게임으로 매너가 엄격하여 깃이 높은 셔츠에 저고리를 단정히 하고 실크모자를 쓴 품위있는 차림으로 게임을 진행했다고 한다. 뷰포트 공작 배드민턴 저택을 중심으로 행해졌던 이 게임은 이후 영국 전역에 보급되어 1893년 영국배드민턴협회Badminton Association of England가 창설되었고, 경기 규칙이 통일되었다. 그 이후 1899년에는 배드민턴 연맹이, 1911년에는 스코틀랜드 배드민턴 연맹이 각각 설립되었다. 1899년에는 제1회 전영국 선수권 대회가 개최되어 남자 복식, 여자 복식, 혼합 복식의 시합이 행해졌고, 1900년에는 남자 단식과 여자 단식의 시합이 추가되었다.

현재 영국의 배드민턴 클럽의 수는 헤아릴 수 없이 많이 있으며, 제1차 세계 대전이 끝난 1918년부터 세계 각국에 퍼져갔다. 캐나다는 1890년경 배드민턴 경기가 전해졌으며, 1921년에 협회가 설립되어 1922년에는 선수권 대회를 개최했다. 또, 1927년에는 뉴질랜드, 1930년에는 덴마크에 이어 오스트리아, 프랑스에 차례로 배드민턴 협회가 설립되었으며, 1934년에는 국제 배드민턴 연맹IBF: International Badminton Federation이 결성되어 현재 대한민국을 포함한 50여 개국이 가맹되어 있다. 1939년에는 국제 배드민턴 규칙이 제정되고, 세계 선

---- **History #2** ----

수권 대회를 위해서 국제 배드민턴 연맹의 초대 회장인 조지 토마스 경이 1939년 '토마스 컵Thomas cup'을 기증하면서 세계 선수권 대회가 활성화되었다. 1948년 제1회 세계 남자 배드민턴 선수권 대회, 1956년에는 제1회 세계 여자 배드민턴 선수권대회가 열렸다. 이들은 3년마다 개최되고 남자 선수권 대회의 우승자팀에게는 '토마스 컵'을, 여자 선수권 대회의 우승팀에게는 '우버 컵Uber cup'을 수여한다. 또한 세계 남녀 통합 단체전에서는 스디르만컵을 수여한다.

우리나라는 1945년 YMCA를 통해 배드민턴이 전해졌다. 1957년에는 배드민턴 동호인들이 배드민턴협회를 구성하였으며, 1961년에는 제42회 전국체육대회에서 시범 경기를 보였고, 1962년에는 대한체육회 정식 산하 단체로 가입되었다. 배드민턴은 1962년 8월 제4회 아시아 경기 대회에서 정식 종목으로 채택되었고, 우리나라는 제5회 아시아 경기 대회에 처음 출전을 하였으며, 제6회 대회에서는 여자 단체 3위에 입상하는 실적을 거두었다. 또한 제1회 아시아 주니어 선수권 대회에서는 여자 단 · 복식을 석권하였으며, 1964년 국제 학생 선수권 대회에서는 여자부 단체 2위의 성적을 보였다.

1977년에는 아시아, 아프리카 지역을 중심으로 세계 배드민턴 연

3 Battledore and Shuttlecock.

History #3

맹WBF: World Badminton Federation이 결성되었고, 우리나라 역시 WBF의 창립 멤버였으며, 1978년에 개최된 제1회 세계 배드민턴 선수권 대회에서 개인 단식 및 복식에서 3위의 성적을 보였다. 이러한 발전을 거듭한 결과 1981년 1월에는 국제 배드민턴 연맹이 개최하는 대회로서 세계에서 가장 권위 있는 제71회 전영오픈에서 우리나라의 황선애 선수가 개인 단식 1위를 시작으로 여자 복식도 김연자, 유상희 팀이 3위에 입상하였다. 그리고 1982년 제9회 뉴델리 아시아 경기 대회에서는 황선애, 강행숙, 팀이 우승하였으며, 1985년 세계 선수권 대회에서는 남자 복식(박주봉, 김문수)과 혼합 복식(박주봉, 유상희)에서 우승하였다.

또한 배드민턴은 1988년 제24회 서울 올림픽 대회에서 시범 종목으로 채택된 후, 처음으로 정식종목으로 채택된 제25회 바르셀로나 올림픽에서 남자 복식(박주봉, 김문수), 여자 복식(황혜영, 정소영)에서 금메달을 획득하였으며, 그 외에도 방수현선수가 여자 단식에서 은메달을, 그리고 여자 복식에서 동메달 1개를 획득하였다. 그리고 제26회 애틀랜타 올림픽에서는 혼합 복식(김동문, 길영아)과 방수현선수가 여자 단식에서 금메달을 획득했으며, 혼합 복식과 여자 복식에서

History #4

은메달을 획득하였다. 또한 29회 아테네 올림픽에서는 김동문, 하태권선수가 금메달을 따내었고, 이후로도 하계 올림픽에서 대한민국은 이용대와 저자 황지만을 포함하여 꾸준한 메달을 쟁취하였다. 이로써 우리나라의 배드민턴은 세계 정상급의 수준으로 눈부신 발전을하고 있으며, 국내에서도 배드민턴의 인구가 급증하고 있다.

역대 대한민국 올림픽 메달리스트

1992 바르셀로나	Gold	남자복식 : 박주봉, 김문수 ∣ 여자복식 : 황혜영, 정소영
	Silver	여자단식 : 방수현
	Bronze	여자복식 : 길영아, 심은정

1996 애틀랜타	Gold	여자단식 : 방수현 ∣ 혼합복식 : 김동문, 길영아
	Silver	여자복식 : 길영아, 장혜옥 ∣ 혼합복식 : 박주봉, 나경민
	Bronze	-

2000 시드니	Gold	-
	Silver	남자복식 : 이동수, 유용성
	Bronze	남자복식 : 김동문, 하태권

2004 아테네	Gold	남자복식 : 김동문, 하태권
	Silver	남자단식 : 손승모 ∣ 남자복식 : 이동수, 유용성
	Bronze	여자복식 : 나경민, 이경원

2008 베이징	Gold	혼합복식 : 이용대, 이효정
	Silver	여자복식 : 이경원, 이효정
	Bronze	남자복식 : 이재진, 황지만

2012 런던	Gold	-
	Silver	-
	Bronze	남자복식 : 정재성, 이용대

2016 리우	Gold	-
	Silver	-
	Bronze	여자복식 : 정경은, 신승찬

25

03
경기 방법

— Method —

경기 종목

남자 단식, 여자 단식, 남자 복식, 여자복식, 혼합 복식으로 나뉜다.

경기 승패

경기 전에 셔틀콕이나 동전을 토스하여 선택된 팀이 첫 서비스권을
갖거나 코트를 선택하여 경기를 시작한다. 랠리에서 이긴 팀이 1점을
얻고 각 세트에서 21점(2006년 이전에는 15점)을 먼저 획득한 팀이 승리
하고 3세트 중에 2세트를 먼저 이기면 승리한다. 동호인 배드민턴은
25점 경기를 진행하는 경우가 있다.

듀스

마지막 한 점을 두고 동점을 이루면 연이어 2점 차이를 내는 팀이 승
리하거나 30점에 먼저 도달하는 팀이 승리한다.

코트 교대

각 세트가 끝나면 코트를 교대하고, 세 번째 세트 중에 어느 한 팀이
11점에 도달하면 코트를 교대한다.

Court

△ 롱 서비스 라인(단식)

단식 서비스영역	센 터 라 인	△ 롱 서비스 라인(복식) 복식 서비스영역
서비스코트(우)		서비스코트(좌)

숏 서비스 라인

네트 　　　　　　　네트

숏 서비스 라인

서비스코트(좌) 복식 서비스영역 롱 서비스 라인(복식) ▽	센 터 라 인	서비스코트(우) 단식 서비스영역

롱 서비스 라인(단식) ▽

백 바운더리 라인

40
mm　40
mm　　　　　　　　　　　　　　　　　　　　　40
mm　40
mm

420mm　　　　　2,530m　　　　　　2,530m　　　　420mm

04
경기 규칙

---- **Rules #1** ----

서비스

경기에서 서비스를 하는 팀의 점수가 0점이거나 짝수일 때 우측에서 상대편의 대각선으로, 홀수일 때는 좌측에서 상대편의 대각선 방향으로 서비스를 넣는다. 직전에 점수를 얻은 팀이 서비스권을 갖는데, 연속으로 점수를 얻은 경우 직전에 서비스를 한 팀원이 연속으로 서비스를 하게 되고, 서비스권이 바뀐 경우는 직전에 서비스하지 않은 팀원이 서비스를 하게 된다.

서비스 폴트(반칙)

예전에는 오버 웨이스트, 오버 핸드의 서비스 폴트 규정이 있었고, 심판의 보는 기준에 따라서 애매한 부분이 있었으나, 2019년 개정된 서비스 폴트 규정에서는 1.15m규정으로 바뀌면서 타구시의 셔틀콕의 헤드의 위치가 1.15m만 넘어가지 않는 경우 이외의 오버 웨이스트, 오버 헤드 규정은 없어지게 되었다. 1.15m라는 높이는 거의 규정 네트면의 중간 부분에 위치하고 이러한 개정에 따라서 상대적으로 키가 큰 선수에게 유리했던 기존의 규정이 변경된 것으로 볼 수 있다. 하지만 서비스 실행 시 셔틀콕 헤드 이외의 부분이 타구되는 것을 제한하

—————————————— **Rules #2** ——————————————

는 베이스 오버 규칙이나 서비스 실행 시 발이 서비스라인을 밟거나
지면에서 떨어지는 것을 제한하는 풋 폴트 규정은 계속 유효하다.

리시브 반칙

셔틀콕이 네트를 넘어오기 전에 셔틀콕을 타구할 때, 선수의 몸이 셔
틀콕이나 네트에 닿을 때, 셔틀콕을 연속해서 두 번 이상 타구할 때
리시브 반칙에 해당한다.

Service Fault

개정이전   2019

오버 웨이스트

Over Waist

서비스 실행 시 라켓이 서버의 허리보다 위에 있을 때

오버 핸드

Over Hand

서비스 실행 시 라켓 헤드가 라켓을 잡은 손목보다 높이 있을 때

풋 폴트

Foot Fault

서비스 실행 시 발이 서비스라인을 밟거나 지면에서 떨어져 있을 때

베이스 오버

Base Over

서비스 실행 시 셔틀콕의 코르크 이외의 부분이 타구될 때

2019 개정이후

1.15m 규정
1.15m Rules
타구시의 셔틀콕의 헤드의 위치가 지면으로부터 1.15m를 넘어갔을 때

풋 폴트
Foot Fault
서비스 실행 시 발이 서비스라인을 밟거나 지면에서 떨어져 있을 때

베이스 오버
Base Over
서비스 실행 시 셔틀콕의 코르크 이외의 부분이 타구될 때

Chapter 2

배드민턴
준비물

01

옷차림

— Wear —

배드민턴 준비물 중 옷차림에 대해서 우선 설명하고자 한다. 옷차림은 가벼운 반팔 반바지 운동복 차림이면 되지만, 되도록 땀이 날 때 땀이 몸에 달라붙지 않는 시원한 재질의 옷을 추천한다. 그렇지 않으면 상의와 같은 경우 몸에 달라붙어 중위나 후위 플레이 시 어깨를 회전하는 과정에서 옷이 달라붙어 걸리는 경우가 있을 수 있기 때문이다. 또한 하의의 경우에는 앞에 떨어지는 셔틀콕을 치기 위해 스텝을 크게 하고 다리를 넓게 벌려야 하는 경우가 많기 때문에 신축성 있는 소재의 반바지를 입을 것을 추천한다.

02
신발

──────────── **Footwear** ────────────

배드민턴 게임에서는 스텝이 많고 순간 가속을 해야 하는 경우가 많은 관계로 신발이 중요하게 작용한다. 배드민턴 전용화나 배구화를 사용해도 되고 농구화가 점프하기 편하다면 농구화를 착용해도 좋다. 하지만 농구화의 경우 좌우 움직임에 최적화되지 않아서 발목 부분이 까지는 경우가 종종 있으니 잘 선별해서 사용하기 바란다. 동호인 사이에서는 미즈노^{MIZUNO} 제품이 밑창이 오래가고 마찰력이 좋아서 애용되고 있다.

Writer's PICK

황지만's
PICK

플라이파워 : FLPA
플라이트

상품소재

폴리우레탄
합성고무

서동휘's
PICK

요넥스 : YONEX
파워쿠션 36EX

상품소재

Power Graphite sheet
Tough brid light solid EVA
Power cushion outsole : rubber

최섭's
PICK

미즈노 : MIZUNO
웨이브 팬텀 2

상품소재

인공피혁
합성수지
고무

03

라켓

— **Racket** —

배드민턴 라켓 제작 기술이 발달하면서 수많은 라켓이 매년 쏟아지고 있다. 수많은 라켓 중에서 자기에게 맞는 라켓을 찾는 것은 어쩌면 배우자를 찾는 것만큼이나 어려운 과정인지도 모른다. 저자가 생각하는 좋은 라켓의 기준은 비싼 가격이 아니라 자기가 썼을 때 셔틀콕이 타구되는 느낌이 좋고 멀리 보낼 수 있는 가이다. 스윙 시의 헤드속도와 맞는 타이밍이 선수들마다 차이가 있는 것처럼, 모든 사람의 스윙 속도는 조금씩 차이가 있다. 그런 상황에서 타구되는 느낌이 좋고 멀리 보낼 수 있다는 것은 나의 스윙스피드와 근력이 지금 사용하는 라켓에 잘 맞아서 스위트 스팟에 잘 맞출 수 있다는 것을 의미한다. 먼저 자신의 근력에 맞는 라켓 무게를 정하는 것이 중요한데, 너무 무거우면 휘두르기 힘들고 너무 가벼우면 힘을 싣기 힘들기 때문에 대부분 3U(85-89g)나 4U(81-84g)인 제품을 사용한다. 그리고 헤드 쪽에 무게가 더 실렸는지의 여부에 따라 공격형(헤드헤비)과 드라이브형(이븐발란스), 수비형(헤드라이트)으로 더 나눠지기도 한다. 개인적으로 저자들은 다음의 라켓을 사용하고 있다.

Writer's PICK

황지만's **PICK**	플라이파워 : FLPA **Signature HJM**
무게	4U
헤드	공격형
Weight	80~84g
Balance	헤드헤비
샤프트	stiff
Tension	22-30lbs

서동휘's **PICK**	요넥스 : YONEX **아스트록스 88s**
무게	4U
헤드	공격형
Weight	80~84g
Balance	헤드헤비
샤프트	stiff
Tension	20-28lbs

최섭's **PICK**	펀민턴 : FUNMINTON **가리온**
무게	4U
헤드	드라이브형
Weight	85+-1g
Balance	285+-2mm
샤프트	flex medium
Tension	20-26lbs

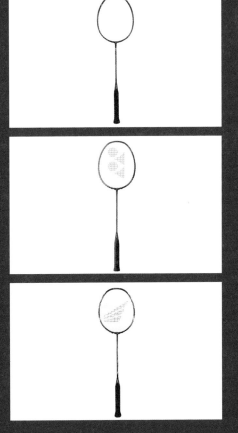

▶ 저자 최섭의 경우에는 개인적으로 우리나라 배드민턴 명품 브랜드인 펀민턴FMT제품을 선호하고 그 중에서 선수용으로 판매하는 3U 파워맥스PM를 사용한다. 그밖에도 동호인들 사이에서 명기라고 소문이 나 있는 빅터사의 메테오80이나 던롭사의 precision 8.5도 추천한다.

04
보조도구

— **Support Material** —

배드민턴을 하다보면 예기치 못한 부상 상황에 놓이게 되는 경우가 있다. 이러한 부상을 사전에 방지하기 위해 동호인들은 많은 보조도구를 사용한다. 특히 무릎과 발목 부상을 많이 당하는데, 무릎에는 잠스트사의 ZK-7 제품를 추천하고 발목보호를 위해서는 잠스트사의 A1 제품처럼 벨크로로 고정이 되는 제품으로 추천한다.

또한 간혹 보면 암슬리브나 니슬리브를 착용하는 분들을 볼 수 있다. 이는 각각 팔꿈치나 무릎의 위, 아래 근육을 잡아주는 역할을 하여 관절로 하여금 부상을 예방하는 데 효과적이다. 헤어밴드의 경우 머리카락이 게임 중에 정돈되지 않을 때 또는 땀이 시야를 방해하는 것을 방지하기 위해 착용하는 경우도 있다.

05

그립

── **Grip** ──

라켓의 종류가 다양하게 있는 것처럼 그립의 종류도 여러 가지가 있다. 타구 시 라켓을 쥐어야 하므로 대체로 손이 작은 사람은 얇게 손이 큰 사람은 두껍게 매는 경향이 있으나, 자기 스타일에 따라서 매어보고 적절한 느낌의 그립을 찾은 것이 중요하다. 몇 가지 푹신한 그립을 원하시는 분은 키모니 KGT 119나 스포니 N 3000과 같은 종류를 추천하고 얇으며 손에 달라붙는 것을 선호하시는 분들께는 키모니 111을 추천한다. 또한 그립을 매는 방법에 대해 궁금하신 분은 Youtube 채널 앤업배드민턴에서 추천하는 고무그립, 타월그립, 스파이럴그립 감는 법을 검색하여 참고하시면 좋을 것 같다. 타월그립의 경우 손에 땀이 많이 흐르는 분들에게 좋고, 스파이럴그립의 경우 라켓이 손에 익지 않고 잘 빠져나가는 초보자에게 좋다.

Chapter 3

배드민턴 준비하기

01
준비운동

— **Warm-up** —

배드민턴도 다른 운동처럼 부상관리에 신경을 많이 써야되는 스포츠이다. 건강하기 위해서 하는 운동인데 다쳐서 건강을 오히려 잃게 되는 너무 아쉬운 경우들이 많이 있어서 실력이 늘수록 더 중요하게 생각해야 하는 것이 준비운동인 것 같다. 동호인분들이 농담으로 아픈 부위가 어깨, 무릎, 허리, 발목으로 온 몸을 한 바퀴 돌면 승급한다는 말이 있는 것처럼 언제나 부상의 위험에 노출되어 있다는 것을 명심하고 준비운동을 해야 한다. 동호인들 중에서는 많은 분들이 무릎으로 고생을 하고 계시고 수술하신 분들도 꽤 있다. 또 점프 후 착지 중에 아킬레스 건이 끊어지거나 허리 디스크가 터지는 분들도 보았다. 경희부부 한의원 성북점 김성기 원장님의 말에 따르면 무릎의 통증의 원인으로는 연골도 문제가 될 수 있지만 무릎 주위 근육이 스트레스를 받아서 생기는 문제가 있다고 한다. 무릎 주위 근육을 풀어주는 운동으로는 한 발을 뒤로 젖혀서 위로 당겨주는 동작을 추천하였다. 여러 부상의 위험을 최소화 하기 위하여 어깨부터 발목까지 풀 수 있는 간단한 준비운동을 황지만 선수가 소개하고자 한다.

Warm-Up

어깨운동

대표적인 어깨운동은 팔꿈치를 좌우로 당기거나 위로 뻗어 당기는 것이다. 그 외에는 아래와 같은 방법이 있다.

- 각도 달리하며 어깨춤 운동하기
- 라켓이나 수건으로 뒤로 당기기
- 개구리 처럼 손 귀 옆에 두고 제끼기
- 손등을 허리에 놓고 팔꿈치를 앞쪽으로 당기기
- 손등 명치에 놓고 반손이 팔꿈치 잡고 고개는

왼쪽 잡은 팔꿈치를 오른쪽 귀로 붙여줌
- 벽에 기대고 팔을 앞으로 뻗고 턱으로 어깨를 밀기. 팔꿈치를 90도로 하고 레버 내리듯 손목을 밑으로 내리기

Warm-Up

허리운동

골반운동

대표적인 허리운동은 사진과 같이 앞으로 크게 숙이는 것이다. 그 외에는 아래와 같은 방법이 있다.

- 허리 크게 돌리기
- 뒤로 신전하기
- 좌우로 비틀기

두 다리를 좌우로 넓히고 양손을 무릎 위에 얹힌다. 리듬에 맞추어 왼쪽 어깨와 오른쪽 어깨를 번갈아가며 눌러 준다. 작은 반동으로 골반의 기둥 범위를 넓힌다.

02

경기 매너

— **Manner** —

경기 전

난타 연습을 하는 경우 코트의 반만 사용하여 다른 분들도 난타를 할 수 있게 공간을 마련한다. 게임을 시작하기 전에 코트에서 미리 대기하고 있는 다른 팀이 있는지 확인한다. 해당 클럽에서 사용하는 셔틀콕 새 것(1개/1명)을 준비하여 게임에 참여하도록 한다. 상대 팀 및 우리 팀원에게 인사 후 시작한다.

경기 중

어느 쪽이든 점수가 나면 셔틀콕에 가까이 있는 사람, 또는 마지막 타구자가 셔틀콕을 주워서 다음 서브를 해야하는 사람이 보고 있을 때 네트 넘어로, 또는 우리팀원에게 안정적으로 전달해 준다. 실수로 인해 득점을 하게 됐을 때 미안하다는 말을 해준다.

경기 후

경기가 끝나면 모두 네트 앞으로 모여 상대팀 및 우리팀원과 악수를 한다. 남은 셔틀콕은 이긴 팀이 1명당 1개씩 가져가고, 남은 것이 있을 경우 진 팀에서 나눠 가진다.

03

기본 자세

───────── **Standard Pose** ─────────

기본 자세에 대해서 알아보도록 하겠다. 배드민턴은 매우 속도감 있는 스포츠이기 때문에 셔틀콕이 없을 때 미리 기본 자세가 되어있어야 스텝이 바로 나오고 셔틀콕을 제대로 칠 수 있다. 참고로 다음에 나오는 모든 스트로크와 스텝은 오른손잡이를 기준으로 설명과 사진이 제시되었음을 양해 바란다.

Standard Pose

정면

측면

그립은 왼쪽 오른쪽 모두 전환하기 쉬운 뉴트럴 그립으로 잡아준다. 시선은 셔틀콕이 가는 방향으로 바라보고 치는 상대의 라켓면의 방향, 다리방향, 자세, 상대와 상대파트너의 위치를 파악해 둔다. 팔 모양은 삼각형을 만들어 라켓을 들어주고 최단 거리로 바로 어깨를 뺄 수 있도록 한다. 팔꿈치는 지면과 평행하게 만들어 주는데, 이때 반드시 팔꿈치를 몸통에서 떼는 것이 중요하다. 팔의 위치는 네트와 가까우면 점점 라켓이 올라가고 네트와 멀어지면 점점 라켓이 내려가야 한다.

허리를 약간 기울여 자세를 낮추어 기본적으로 수비 자세로 대비한다. 허리를 기울인 만큼 몸통 앞에서 스윙할 수 있는 공간을 만들어 준다. 기본적으로 오른발을 왼발보다 반족장 정도 앞으로 내밀어 주고 어깨보다 넓게 양발을 벌린다. 준비 시에 손목을 세우고 준비해야 수비나 공격의 자세로 전환하기 쉬우므로 손목은 항상 세워주어야 한다. 타구 후에는 바로 이 준비 자세로 돌아와야 한다.

04

스텝

---------- **Step #1** ----------

잔 스텝

정지상태에서 스텝을 밟게 되면 갑작스런 상황에 대처할 수 없다. 언제든 출발할 수 있도록 뒤꿈치를 살짝 떼준 상태로 잔 스텝을 밟아주다가 상대가 타구하는 순간에 깊게 스텝을 밟아 준다. 잔 스텝은 하체 근육이 순간적인 힘을 낼 수 있는 신전-단축 주기Stretch-Shortening Cycle 원리를 적용시키는 기본 자세로 발목의 탄성을 극대화해 주어 순간적으로 힘을 증폭시켜 멀리 있는 셔틀콕도 여유 있게 잡을 수 있다.

코트 크기 파악

아웃이 되는 셔틀콕을 치지 않기 위해서 코트의 크기를 익히고 이동하는 과정에서의 발자국 수를 몸에 익혀 두는 것이 좋다. 대개 가로는 사이드 점프로 3발, 세로는 크게 디뎌서 5발, 대각선은 7발에 갈 수 있도록 몸에 익힌다.

첫발

상대방의 타구에 반응하는 첫발을 셔틀콕이 착지하는 위치로 가는 직선방향으로 밟아 준다. 이때 몸이 위 아래로 흔들리지 않고 수평으

Step #2

로 최단거리로 이동하는 것이 중요하다. 정확한 첫발의 방향을 잡아
주고 타구 타이밍에 맞도록 감속하는 리듬감이 중요하다.

거리조절

오른손잡이의 경우 마지막 스텝은 오른발로 착지한다. 이때 왼발로
미는 세기를 조절해 주면서 거리를 조절한다.

위치

셔틀콕을 되도록 몸 앞에서 타구해야 스윙의 파워가 효율적으로 전
달되기 때문에 재빠른 스텝으로 되도록 콕의 낙하지점보다 더 뒤로
이동하는 것이 중요하다.

이동

기본 스텝을 밟을 때 왼발이 앞에 있을 경우에는 뒤로 가는 스텝을
밟는 것이 편하고, 오른발이 앞에 있을 경우 앞으로 가는 스텝을 밟
는 것이 편하다.

— Step #3 —

타이밍

배드민턴은 타구가 이루어지기 전까지 언제 속이는 동작을 할지 모르는 스포츠이기 때문에 상대가 셔틀콕을 치는 타이밍에 스텝을 구르며 반동을 받아야 상대의 타구에 속지 않는다.

왼발 끌어주기

마지막 오른발 스텝을 밟아주는 과정에서 따라오는 왼발을 끌어주면 자연스럽게 다시 홈포지션으로 돌아오는 스텝을 밟아 줄 수 있다. 왼발을 끌 때에는 오른발 스텝 보폭의 절반 정도만 끌어 주면 된다.

스플릿 스텝

코트 앞뒤로 빨리 이동하기 위해 스플릿 스텝을 밟아 줄 수 있다. 스플릿 스텝이란 준비 자세에서 왼발을 몸 가운데로 끌고온 뒤, 왼발을 밀어 거리를 조절하며 앞이나 뒤로 가는 스텝을 말한다. 예를 들어 뒤쪽으로 빨리 이동할 때에는 왼발을 가운데 앞쪽으로 끌고와서 왼발로 바닥을 밀어주며 몸을 시계방향으로 돌려 세로로 만들어 뒤로 가는 스텝을 밟아 준다.

--- **Step #4** ---

무게중심

스텝을 밟아 스트로크해 준 다음 원래 위치로 다시 돌아올 수 있도록 무게중심을 코트 중앙을 향하도록 해야 한다.

스텝의 종료

종종 랠리가 끝났다고 생각하고 스텝을 멈추는 경우가 있다. 상대가 언제 어디서 기습적으로 되받아칠지 모르기 때문에 셔틀콕이 바닥에 떨어지기 전까지는 스텝을 절대 멈춰서는 안 된다.

05
그립 쥐는 방법

───────────── Grip ─────────────

라켓에 최종적으로 힘을 실을 수 있는지의 여부가 그립에 달려 있다
고 해도 과언이 아니다. 선수들을 보면 랠리 중에도 시간이 날 때마
다 그립을 다시 새로 고쳐 잡으면서 스트로크를 한다. 왜냐하면 몇
번의 스트로크 이후에 약간씩 그립이 비틀어지기 때문이다.

Forehand & Backhand Grip

포핸드 그립

대부분 손목을 자유롭게 사용할 수 있는 이스턴 그립을 잡기 위해서 발 사이에 끼웠을 때 수직으로 악수하듯 아래에서 위로 감아올리며 라켓을 잡는다. 그리고 살짝 시계방향(왼쪽)으로 비틀어서 골프에서처럼 엄지의 V자 모양이 왼쪽 어깨로 향하게 잡는다. 결과적으로 손바닥이 앞으로 향하는 모양을 지니게 된다. 세로로 잡되 그립을 잡았을 때 손등이 보일 수 있도록 많이 사용된다. 바로 포핸드나 백핸드 그립으로 전환이 쉽다는 장점이 있다. 살짝 라켓 끝이 올라가서 손목에 힘을 쓰지 않아야 한다. 또한 검지 두 번째 마디가 편평한 면에 닿으며 갈고리에 걸리도록 손가락 한 개 정도 들어가도록 검지와 중지의 간격을 벌린다. 세 손가락은 대각선이 될 수 있도록 살포시 쥐어 준다. 타구 전까지 달걀 쥐듯이 살짝 쥐고 있다가 타구 시에 새끼와 약지로 당겨주며 악력을 셔틀콕에 전달하도록 한다. 그러나 그립이 손바닥에서 떨어지지는 않도록 해 주어야 한다. 배드민턴 그립을 잡는 위치는 전위에 오는 셔틀콕을 타구할 때는 빨리 받아쳐야 되기 때문에 라켓을 되도록 짧게 잡고 후위 플레이를 할 때는 그립을 길게 잡고 쳐준다. 엄지의 측면이 라켓의 반대 평면에 닿아야 하고 셋째 손가락과 만나야 한다.

백핸드 그립

엄지가 가운데 평평한 면을 잡고 타구 순간 엄지에 힘을 줘야 한다. 백핸드 그립을 잡을 때 손목의 시계를 본다는 느낌으로 손목이 수평해야지 손목을 과장해서 올라거나 내리면 안 된다. 백 스트로크를 할 때 손등이 하늘을 향하도록 그립을 잡아준다.

은 각도를 주며 스트로크해줘야 하는 백핸드 크로스 헤어핀, 백핸드 클리어, 백핸드 스매시에서 잡는다.

백핸드 사이드 그립

네 손가락은 백핸드와 동일하게 잡고 엄지를 사이드 면에 위치시킨다. 백핸드 사이드 그립으로 잡게 되면 손목의 가동범위가 더 커지기 때문에 많

Chapter 4

서비스

서비스는 경기 또는 랠리포인트의 시작을 위해 정해진 규정에 의거하여 타구하는 것을 말한다. 모든 배드민턴 랠리의 시작은 서비스로 시작하는 만큼 서비스가 안정되지 않으면 제대로 된 경기를 할 수 없다.

01 숏 서비스
Short Service

숏 서비스는 상대방의 서비스라인 근처에 셔틀콕이 떨어지게끔 짧은 서비스를 넣는 것을 말한다. 네트 위를 살짝 넘어가게 해야 한다.

Level

★★☆☆☆

사전동작

Before

❶ **발의
위치**

최대한 네트에 붙어서 서비스를 하는 것이 유리하기 때문에 숏
서비스라인에 닿기 직전까지 발을 내밀고 서비스를 넣는 경우가
대부분이다. 하지만 간혹 서비스리턴으로 오는 셔틀콕을 잡기위
해서 약간 뒤(20~30cm)에서 서비스를 넣는 경우도 있다.

| ❷ 그립 | 그립은 백핸드 그립으로 라켓을 짧게(그립의 가장 윗부분) 잡는다. 숏 서비스 후 전위를 맡아야 하기 때문인데, 선수들의 경우 백핸드 그립으로 중간 부분을 잡기도 한다. 이는 전위와 후위의 로테이션이 빠른 상황에서 그립의 위치를 바꾸는 전략보다 신체 전체의 움직임을 미세하게 조정하는 전략을 사용하기 때문이다. |

| ❸ 발 | 서비스를 넣을 때 최대한 높은 위치에서 넣기 위해서 왼발은 붙이고 오른발의 뒤꿈치를 살짝 들고 엄지발가락으로 지탱하여 서비스 넣을 준비를 한다. |

| ❹ 왼손과 왼팔 | 셔틀콕에서 한 개의 깃털만 왼손 엄지와 검지로 잡고 45도 정도 콕위 머리를 내 몸 쪽으로 당겨 준다. 깃털을 잡을 때 검지와 엄지를 겹쳐서 작은 하트를 만들듯이 잡아준다. 왼팔은 쭉 펴준 상태에서 왼쪽 겨드랑이 쪽 공간을 자연스럽게 약 30도 정도 확보한다. |

| ❺ 라켓 | 셔틀콕을 잡고 일단 라켓면에 닿는 것까지 확인한 다음 스윙을 시작한다. 서비스 넣기 직전 거트의 가운데를 잘 찾았는지 봐야 한다. 서비스가 짧고 예민한 동작이니만큼 거트 한줄 한줄의 차이가 크게 작용할 수 있다. |

| ❻ 시선 | 네트의 백테를 보고 서비스한다. 만약 계속 셔틀콕이 뜬다면 백테의 윗 부분의 한 점을 정하고 그 점을 보고 최대한 안 뜨도록 서비스를 넣어 준다. 우수 선수들의 백핸드 숏서비스 시 나타나는 시각탐색을 분석한 논문에서는 시각 초점이 네트와 상대의 라켓에 있다는 점을 발견했다.(류동현, 송석현 & 한동욱, 2018) |

❼ 상대의 무게중심	서비스 넣기 전 상대 무게중심과 포지션을 확인하며 서비스를 넣어 준다. 상대의 중심이 뒷발에 있거나 자세가 어느 정도 서 있는 경우 숏서비스를 하고, 과도하게 중심이 앞발에 있거나 자세가 숙여져 있다면 롱서비스를 기습적으로 넣어 준다.
❽ 상대의 그립	상대의 그립을 확인하면서 서비스를 다르게 넣어 본다. 상대가 백 그립을 잡고 서비스 리턴을 하려는 경우 리턴을 받기 어렵게 포핸드로 주고, 상대가 포핸드 그립을 잡은 경우 상대의 백핸드 방향으로도 공격해 본다.
❾ 서비스 구역	서버는 마음속으로 상대 서비스 구역을 세 개로 나누어서 서비스한다. 상대의 왼쪽, 상대의 몸쪽, 상대의 오른쪽으로 나누어 어떤 셔틀콕을 리턴하기 힘들어하는지 게임 중에 체크해 준다.
❿ 호흡	긴장이 된다면 호흡을 내쉬는 가운데에서 타구하며 경직된 몸을 풀어주어야 한다.

Tips for You ✕ 슬라이스 서비스

슬라이스 서비스를 넣기 위해서는 콕의 끝을 아래로 쓰다듬으며 깎아 치듯 쳐줄 수 있다. 세워둔 라켓면에 45도 정도 셔틀콕 헤드를 배꼽 쪽으로 비틀어서 아래로 내리면서 서비스한다. 하지만 이때 억지로 왼손목을 꺾는 것이 아니라, 손가락으로 살짝 당겨 준다. 라켓면이 3분의 1 정도 살짝 하늘을 볼 수 있도록 틀어서 왼팔 라인을 따라 밀어야 한다.

임팩트

Impact

---

❶ 라켓이 내려오는 방향

왼팔 라인을 따라서 라켓을 밀어준다고 생각하며 한 호흡에 스윙한다. 약간 대각선 아래로 타구하면 백테를 넘자마자 바로 네트 아래로 내려가서 뜨지 않는 숏서비스를 구사할 수 있다.

---

❷ 손목

이때 손목이 콕과 같이 간다고 생각하면 더 부드러운 타구를 할 수 있다.

사후동작

After

---

❶ 자세

서비스 이후 바로 준비해야 하는 관계로 서비스하는 과정에서 자세가 앞으로 무너지니 않도록 주의해야 한다.

---

❷ 준비

상대가 서비스 리턴을 공격적으로 앞으로 할 것을 대비해서 서비스를 넣은 직후 지나가는 셔틀콕을 잡을 수 있도록 라켓을 들어주어야 한다.

---

❸ 몸통

숏서비스 이후 서비스 넣고 바로 라켓을 들어주면서 어깨는 빼고 몸을 살짝 뒤로하면서 머리 위로 지나가는 셔틀콕을 잡아주어야 파트너를 기습적인 셔틀콕에서 보호할 수 있다.

❹ 리턴

상대가 나의 백핸드 쪽으로 드라이브성 리턴을 할 경우 라운더헤드 타법(Rount the head)으로 라켓을 잡고 백핸드쪽으로 오는 셔틀콕을 잡아주어야 한다.

02 포핸드 롱서비스
Forehand Long Service

그립을 포핸드로 잡고 라켓의 앞면으로 상대방의 서비스 엔드라인 근처에 높고 멀리 타구하는 서비스이다. 포핸드 롱서비스는 단식에서 상대를 뒤로 물러나게 하고 체력을 소진시키는데 목적이 있다. 단식에서는 롱서비스 라인이 복식보다 길기 때문에 상대가 바로 공격할 확률은 복식보다 떨어진다.

Level
★★★☆☆

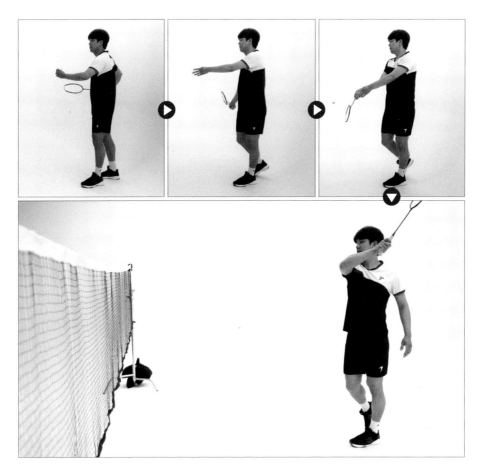

❶ 자세		언더와 비슷한 자세로 이루어진다.

❷ 거리		단식경기에서 포핸드 롱서비스를 넣을 때에는 복식 서비스라인을 넘어갈 수 있도록 거리를 조절하는 연습이 필요하다.

❸ 셔틀콕의 **진행 방향**		상대가 앞에서 끊을 수 없도록 상대가 들고 있는 라켓 헤드 부분을 넘기는 궤적으로 진행되도록 한다.

03 백핸드 롱서비스
Backhand Long service

백핸드 그립으로 라켓을 잡아서 상대방의 서비스 엔드라인 근처에 높고 멀리 타구하는 서비스이다. 롱서비스는 숏 서비스와 동작이 유사하여 복식에서 상대의 타이밍을 빼앗는 데 목적이 있다. 하지만 오히려 공격권을 넘겨줄 수 있기 때문에 조심해서 사용해야 한다.

— Level —

★★☆☆☆

❶ 자세	기본적인 자세는 숏서비스와 동일한 자세로 이루어진다. 만약 롱서비스와 숏서비스의 자세가 다르게 되면 상대가 알아차려 타이밍을 빼앗는다는 목적에 어긋나게 된다.
❷ 라켓이 내려오는 방향	숏서비스와 마찬가지로 왼팔의 라인을 따라 밀어주다가 마지막 순간에 스냅으로 잡아주어 거리를 조절한다. 너무 세게 치려고 할 경우 서비스 구역을 벗어나는 경우가 있으므로 주의해야 한다.
❸ 셔틀콕의 진행 방향	콕이 뻗어 나가는 각도가 무딜 경우 상대가 공격하기 쉬우므로 상대가 바로 찍을 수 없도록 상대가 들고 있는 라켓의 헤드를 빨리 지나 드라이브성으로 셔틀콕이 진행될 수 있도록 한다.

04 서비스리턴
Service Return

QRCODE

숏서비스 리턴   롱서비스 리턴

상대방의 서비스에 대응하는 첫 타구로 서비스하는 상대의 대각선에 있는 지정된 플레이어의 타구만 허용한다.

— **Level** —
★★★☆☆

---

❶ 몸 방향

상대방이 서비스를 넣는 자세를 잡는 것을 확인한 다음 상대를 보고 일직선 방향으로 자세를 잡는다. 서버의 셔틀콕과 라켓면을 잘 보고 집중한다.

---

❷ 라켓

라켓 헤드를 들어주고 얼굴 앞에 놓아 네트높이에 눈높이와 라켓높이를 맞추는 것이 좋다.

---

❸ 몸통과 체중

대부분 복식에서는 숏서비스를 하는 경우가 많다. 몸을 약간만 앞으로 기울여 먼저 숏서비스 리턴할 자세를 잡아주고 동시에 롱서비스도 준비한다. 왼발에 체중을 70% 정도 실어주어 언제든 롱서비스와 숏서비스를 받으러 갈 수 있도록 한다. 리턴 받을 때 항상 오른발 뒤꿈치를 떼서 언제든 앞뒤로 밀어줄 수 있는 자세를 잡고 있어야 한다.

---

❹ 왼발과 스탠스

왼발을 앞에 내밀고 롱과 숏을 준비하기 위해 왼발의 각도는 몸통이 향하는 방향과 45도 정도로 기울여 준비해 준다. 스탠스(서 있는 발의 위치)는 기본 보폭인 어깨너비보다 1.5배 정도 넓게 벌린다.

숏서비스 리턴

상대의 숏 서비스에 대응하는 리턴으로 공격적인 헤어핀, 푸시, 드라이브를 사용하거나, 수비적으로 언더 클리어를 사용한다.

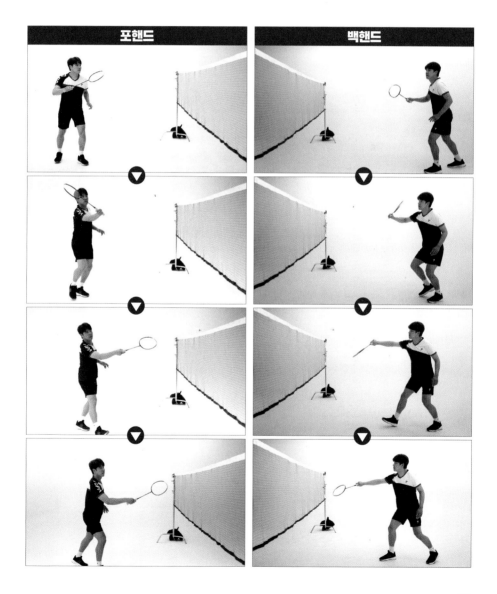

포핸드

백핸드

❶ 라켓

숏서비스를 받을 때 몸이 먼저 가기보다는 라켓을 먼저 앞으로 쭉 뻗어서 최대한 네트에 가까운 곳에서 타구가 이루어지도록 하는 것이 중요하다. 리턴 시에는 라켓을 휘두르지 말아야 타이밍이 늦어지거나 네트에 걸리는 것을 방지할 수 있다.

❷ 라켓면

면을 만들어 주고 면이 콕을 찾아갈 수 있도록 해야 안정감 있는 리턴을 할 수 있다. 라켓헤드를 너무 세워서 들어가면 걸리기 쉬우므로 라켓헤드를 약간 눕혀서 면을 대준다는 느낌으로 콕을 맞춰야 네트를 넘어가기 수월하다. 상대의 서비스가 좋을수록 면을 더 열어 셔틀콕을 조금 더 띄워주어야 넘어갈 수 있다.

❸ 그립

서비스 리턴 시 왼쪽에서 받을 때는 포핸드 그립으로 잡아주고 오른쪽에서 받을 때는 백 그립으로 잡아준다.

❹ 타구 위치

셔틀콕이 백테를 넘어 리시버에게 가까워질수록 셔틀콕이 아래로 내려오게 되어, 리시브하는 입장에서는 더 띄워주게 되므로 최대한 네트에 붙은 상태에서 타구가 이루어져야 한다. 되도록 네트에서 약 30cm 정도 이내로 떨어진 거리에서 콕이 타구될 수 있도록 해야 하고 앞발이 착지하기 전에 공중에서 타구가 이루어져야 한다.

❺ 리턴 전략

언더로 리턴을 하게 되면 상대에게 공격권을 넘겨주게 되므로 리턴 시에 앞에 놓거나 드라이브성으로 받아주는 것이 좋다. 비율을 보자면 리턴시 앞에 놓는 것을 70%, 드라이브성 25%, 언더 5% 정도가 적당하다.

❻ 인아웃 구별

숏서비스는 셔틀콕이 날아오는 각도를 보고 아웃이나 인을 판단해야 한다. 항상 셔틀콕을 일정하게 주시하면서 콕이 네트를 지나 너무 빨리 떨어지는 듯하면 아웃이고 콕이 넘어 오는 힘이 살아 있으면 대부분 인인 경우가 많다.

❼ 몸통

리턴 시에 몸이 위아래로 흔들리기보다는 최단 거리로 콕에 가기 위해 거의 수평으로 이동해서 몸의 체중을 실어야 한다.

❽ 코스

서버의 파트너의 위치를 확인하여 어떤 코스를 노리면 좋을지 미리 결정해 둔다. 또한 상대 후위의 몸의 중심이 오른발에 있으면 왼쪽을 공략하고 중심이 왼발에 있으면 오른쪽을 공략한다. 또한 서버의 파트너가 라켓을 높이 들고 있으면 아래를 공략하고 라켓이 아래에 있으면 위로 가는 빠른 볼로 공략한다.

앞에 놓는 리턴

헤어핀 등으로 상대의 네트 근처에 낮게 넘어가게끔 타구하는 리턴이다. 셔틀콕을 띄우지 않고 상대가 공격하지 못하도록 하는 것이 목표이다.

▶▶

상대로 하여금 언더 클리어를 하게 만들어 우리팀이 공격권을 가져오도록 네트 앞에 놓는 리턴을 많이 하게 된다. 이때, 서버로부터 역공격을 당하지 않도록 서버에게서 먼 쪽으로 놓는 것이 좋다. 왼쪽에서 받을 때는 내 왼쪽으로 놓고 오른쪽에서 받을 때는 내 오른쪽으로 놓아야 서버로부터 셔틀콕을 멀게 줄 수 있다. 이때 오른쪽에서 서비스를 받을 때는 왼발을 앞으로 내밀면서 받고 왼쪽에서 받을 때는 오른발이 앞으로 나가는 것이 안정감 있다. 또한 리턴이 뜰 경우 약간 밑으로 몸을 깔면서 충격을 흡수해 주는 것처럼 타구한다면 셔틀콕이 뜨지 않는다.

❶ 손목

앞에 놓아줄 때는 되도록 손목을 쓰지 말고 라켓을 대준다는 느낌으로 타구한다. 또한 팔을 쓰면 안 된다.

❷ 준비

앞에 놓는 리턴을 할 때는 항상 역헤어핀 공격을 당할 수 있으니 바로 라켓을 들어 푸시나 와이퍼샷을 준비해 둔다. 서비스리턴을 앞에 놓는 과정에서 리턴이 너무 길게 가면 상대가 드라이브로 되치기 하므로 바로 라켓을 들어서 지나가는 드라이브를 잡아야 한다.

드라이브성 리턴

상대의 서비스가 조금 떴을 때 네트에 평행한 궤적으로 셔틀콕을 타구하는 리턴이다.

▶▶ | 드라이브성 리턴은 대개 상대가 받기 힘든 방향인 상대의 백핸드 쪽으로 밀어주는 전략이 좋다.

❶ 푸시 | 서비스가 많이 떠서 왔을 때는 과감히 푸시를 해 주어야 한다. 서버의 파트너의 백핸드 쪽으로 푸시하거나 서버의 가슴 쪽으로 밀어주는 코스가 효과적이다.

❷ 각도 | 서비스리턴을 할 때는 세기보다 각도가 더 중요하다. 셔틀콕이 세게 떠서 가는 것보다 눌러서 약하게 쳐주는 게 상대로부터 공격권을 가져올 수 있는 확률을 높여주기 때문이다.

언더 리런

상대의 서비스가 자신의 무릎 아래로 올 때까지 기다린 후 언더 클리어로 상대의 백 바운더리 근처로 높고 멀리 타구하는 리턴이다. 상대팀이 공격에 약할 때, 또는 공격적인 리턴이 실패할 때 사용한다.

▶▶ | 언더 리턴은 공격권을 상대에게 주게 되므로 되도록 하지 않는 것이 좋다.

---

❶ **트릭성 언더 리런** | 트릭성 언더 리턴은 최대한 직선으로 상대 후위를 유도한 다음 대각 언더로 상대를 역동작이 걸리도록 해 준다.

Tips for You ✕ **드라이브성 리턴이 오는 경우**

대개는 서비스를 롱이나 숏으로 주지만 드라이브성으로 빠르게 타이밍을 빼앗기 위해 주는 경우가 있다. 이런 경우 당황하지 말고 방향만 틀어서 받아주면 오히려 공격이 이루어질 수 있다.

롱서비스 리턴

상대의 롱서비스에 대응하는 타구로, 롱서비스에 잘 준비된 상태라면 스매시나 드롭을 사용하지만 그렇지 않은 경우 하이클리어로 수비적인 대응을 하게 된다.

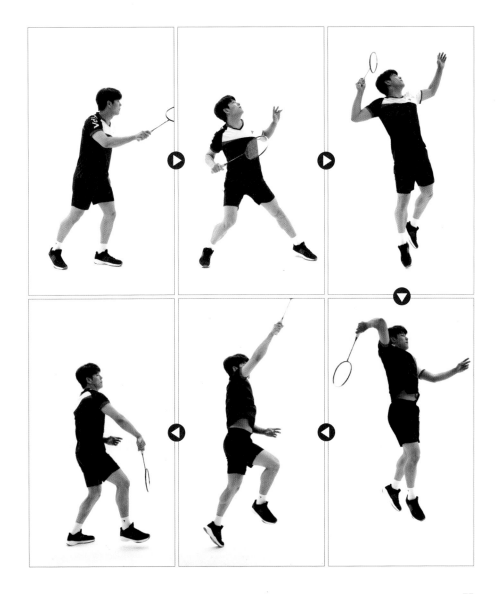

❶ 시선

롱서비스인지 숏서비스인지 상대의 라켓면에 집중하여 준비해야 한다. 롱서비스를 넣을 때 상대방은 멀리 보내기 위해 더 많이 빼는 경향이 있다. 항상 롱서비스가 올 수 있다고 염두에 두고 서비스를 받아야 언제든 롱서비스 타이밍을 맞출 수 있다.

❷ 인아웃 판단

스텝을 밟고 받으러 나가고 있는 중에 내 몸 라인보다 더 뒤에 지나가는 타구 또는 너무 빠르게 지나가는 타구는 아웃될 확률이 크다.

❸ 무게중심

무게 중심은 거의 100%에 가깝게 왼발에 두고 있어야 왼발로 밀어서 뒤로 가는 롱서비스로 오는 셔틀콕을 타구할 수 있다.

❹ 왼무릎

리턴 시 뒤쪽으로 차 주어야 하므로 앞무릎은 완전히 펴지 않은 채로 준비한다.

❺ 왼허벅지

미리 왼허벅지에 힘을 주고 있으면서 언제든 뒤로 가는 스텝을 밟을 수 있게 준비하는 것이 좋다.

❻ 보폭

걸음 보폭보다 반보폭 정도 더 벌려서 준비한다.

❼ 오른발

롱서비스를 받기 위해 뒷발을 몸의 방향과 일자로 나란히 해 주는 것이 편하다. 그리고 왼발로 차줄 때 뒷발의 엄지도로도 같이 차 주어야 뒤로 가는 추진력을 더 얻을 수 있다. 준비 시 오른발 뒤꿈치를 떼기보다 바닥에 붙여주어 앞뒤로 움직일 수 있도록 한다.

❽ 스텝		롱서비스가 올 경우 사이드스텝으로 왼발로 밀고-오른발-왼발-오른발로 스텝을 밟고 마지막 오른발로 밟으며 뒤쪽으로 뛰며 타구하고 몸을 비틀며 발을 바꿔주어 왼발로 뒤로 하여 착지한다.
❾ 원스텝		만약 상대의 롱서비스가 드라이브성으로 셔틀콕이 낮고 빠르게 지나갈 경우 원스텝으로 왼발로 밀고-오른발로 바로 뛰어서 타구한다. 두 번째 스텝을 더 많이 뛰어준다는 생각으로 해 준다.
❿ 왼발		롱서비스 리턴에서 가장 중요한 포인트는 왼발로 제대로 그라운드를 밀면서 차 주는 것이다. 45도 기울여서 준비해둔 왼발을 스프린트 하듯이 밀어준다. 이때 왼쪽 발목을 밀어줬을 때 발목이 펴지면서 힘을 제대로 전달해 준다.
⓫ 몸의 진행		롱서비스를 받기 위해 뒤로 갈 때 무작정 점프를 뛰는 것이 아니라 뒤로 가는 마지막 오른발을 떼기 전까지 최대한 낮게 이동해 주면서 콕의 높이를 확인해 주어야 한다. 바로 상체가 뒤로 젖혀지기보다는 몸의 중심이 최대한 낮은 상태에서 완만하게 올라가는 이차곡선 그래프를 그릴 수 있도록 한다.
⓬ 하체		롱서비스를 인식한 순간 하체를 먼저 움직여 스텝을 밟으며 엉덩이를 먼저 빼준 다음 상체가 따라가 줘야 한다. 상체가 먼저 젖혀지면 엉덩이가 빠지지 않는다.
⓭ 상체		하체가 가면서 어깨를 빨리 빼 주어 상체 자세를 만들어 준다. 다리가 간 다음 상체가 따라오도록 해야 한다.

⑭ 그립	그립은 처음에는 숏서비스 대비를 위해 짧게 잡고 친다.
⑮ 전략	되도록 스매시를 쳐 주어야 하며 이때 파트너는 앞에 오는 셔틀콕을 잡아 주어야 한다. 그렇지만 늦은 경우 드롭을 넣어주거나 완전히 타이밍을 잃은 경우 하이클리어를 쳐 주어야 한다.
⑯ 스매시 방향	롱서비스가 온 경우 서버가 준비하는 과정에서 자세를 못 잡은 경우가 많이 있으므로 서버에게 스매시를 하는 경우가 많다. 하지만 서버가 수비가 좋고 준비를 빨리하는 경우 오히려 되치기 당하거나 전위의 빈 공간을 공략당하는 경우가 있으므로 신중하게 방향을 주어 스매시를 해야 한다. 만약 스매시 속도에 자신이 없다면 롱서비스를 받을 때 가운데보다는 양쪽 사이드를 노리고 타구하는 것이 좋다.
⑰ 손목	롱서비스 받을 때는 각도가 안나와 카운터 리시브로 역공격 당할 위험이 있으므로 풀 스매시로 타구하기보다 손목으로만 하프 스매시하는 것이 좋다.
⑱ 스매시 후 자세	롱서비스를 스매시로 받은 경우 자세가 흐트러지기 쉬우므로 착지 후 자세를 무너뜨리지 않도록 바로 몸을 세우고 빨리 라켓 들어야 다음 셔틀콕에 대처할 수 있다.
⑲ 스매시 후 착지	착지하는 뒷발이 롱서비스 뒷 선을 넘어야 셔틀콕을 앞에 두고 제대로 된 각도로 타구할 수 있다.

Tips for You ✕ 파트너가 서비스를 넣을 때

파트너가 서비스를 넣을 경우에 파트너 뒤쪽에서 오른발을 살짝 앞으로 내민 상태에서 서비스가 들어가는 방향을 보고 있다가 리턴의 방향을 예상하며 준비한다. 위치는 파트너가 오른쪽에서 서비스를 넣고 있을 때 중심보다 왼쪽 코트에 살짝 걸쳐서 자세를 잡고, 파트너가 왼쪽에서 서비스를 넣을 경우 오른쪽 코트에 살짝 걸쳐서 리턴에 대비한다. 백핸드 스트로크로 타구하는 것이 부담스러울 경우, 파트너가 왼쪽에서 서비스를 넣고 오른쪽 코트에서 준비할 때 조금 더 백핸드 쪽(왼쪽)으로 더 붙어서 준비한다. 하지만 상대를 시야에서 잃어서는 안 되고 상대의 리턴 과정이 보이는 과정에 반드시 위치하도록 해야 한다. 파트너가 서비스를 넣을 때 셔틀콕이 날아가는 각도와 상대방을 주시하면서 반응해야 한다. 이때 파트너와 네트 사이의 공간과 셔틀콕이 날아가는 궤적이 보이게 서는 것이 중요하다. 파트너의 서비스가 잘 들어가면 네트 위쪽으로 날아올 셔틀콕을 준비하고, 파트너의 서비스가 네트에서 떠서 이루어졌을 때는 상대의 푸시에 대비해 자세를 낮추고 아래쪽에서 받을 준비를 재빨리 해야 한다.

숏서비스를 넣을 때

❶ 자세
파트너가 서비스를 넣을 때 자세를 낮게 하고 조금씩 몸과 라켓을 흔들며 드라이브성 리턴에 언제든 대비하고 긴장하고 있어야 한다. 특히 몸쪽으로 빠르게 오는 드라이브도 미리 생각하고 경계해야 하는데 이때는 스매시 리시브보다 그립을 짧게 잡고, 팔을 앞으로 뻗어서 스윙할 수 있는 공간을 몸 앞에 마련해 두어야 한다.

❷ 드라이브성 카운터

리턴이 빠를수록 더 짧게 잡아 쳐주어서 카운터성 드라이브로 다시 공격한다. 상대편 전위에게 잡히지 않기 위해서 되도록 전위가 없는 방향으로 드라이브성 카운터를 노린다.

❸ 트릭 리턴

서비스 리턴을 받는 과정에서 몸동작으로 트릭을 거는 경우가 있다. 이때 이 몸동작에 속지 않기 위해서 상대방의 리턴 타구가 이루어질 때까지 움직이는 것을 참았다가 스텝을 밟는다.

롱서비스를 넣을 때

❶ 포지션

파트너가 롱서비스를 할 경우 상대가 공격할 가능성이 높기 때문에, 양쪽으로 벌려서 수비형 대형을 취한다.

❷ 자세

파트너가 롱서비스를 하게 되면 파트너도 수비를 하기위해서 물러나게 된다. 그 과정에서 파트너가 롱서비스를 올린 방향을 확인하여 수비해야 한다. 파트너가 센터라인 쪽으로 롱서비스를 보냈을 경우 양쪽으로 50대 50의 범위를 커버해서 수비해 주고, 파트너가 사이드라인쪽으로 롱서비스를 보낼 경우에는 조금 더 전진해서 대각선 60% 정도의 범위를 커버해서 수비한다.

Chapter 5

배드민턴 전위 플레이

배드민턴 전위 플레이는 코트를 세로로 삼등분 했을 때 제일 앞쪽에서 이루어지는 스트로크를 통칭한다. 네트에서 제일 가까운 곳에서 이루어지는 만큼 주로 섬세한 스트로크가 이루어지게 된다. 언더 클리어를 통해서 상대편 코트 깊숙한 곳까지 보내 주거나 푸시로 강한 공격이 이루어진다.

01 헤어핀
Hairpin

QRCODE

포핸드 헤어핀   백핸드 헤어핀

네트 근처로 넘어온 셔틀콕을 네트 근처에 살짝 떨어뜨리는 기술이다.

— Level —

★★☆☆☆

포핸드

백핸드

사전동작

Before

포핸드	백핸드

---

❶ 발

왼발로 밀어주며 오른발을 최대한 벌린다. 이때 코트 중앙으로 다시 되돌아오기 위해서 오른발이 무릎보다 더 나가지 않도록 주의한다.

---

❷ 라켓

라켓은 지면과 평행하게 들거나 손이 약간 라켓보다 더 위에 있도록 한다.

---

❸ 왼손	서비스를 넣을 때 최대한 높은 위치에서 넣기 위해서 왼발은 붙이고 오른발의 뒤꿈치를 살짝 들고 엄지발가락으로 지탱하여 서비스를 넣을 준비를 한다.
❹ 시선	셔틀콕을 끝까지 보면서 집중한다.
❺ 오른팔	팔을 완전히 펴지 않은 상태에서 펴주는 힘으로 앞으로 민다. 이때 너무 완전히 팔을 펼 경우 자세가 뻣뻣해지고 셔틀콕이 뜰 수 있다.

임팩트

Impact

포핸드

백핸드

❶ 타구	셔틀콕에 닿으면서 상체로 눌러준다고 생각하며 타구한다. 셔틀콕에 닿는 순간 라켓을 약간 밀어주면 스핀이 걸려서 셔틀콕이 회전하게 된다. 이렇게 하면 상대방이 리시브하기 어렵게 셔틀콕을 보낼 수 있다.
❷ 상체	완전히 상체가 들어간 상태에서 헤어핀 자세를 잡아서 타구한다.

❸ 높이

최대한 백테 가까이에서 타구가 이루어지도록 한다. 만약 백테
위에서 칠 수 있을 경우 바로 라켓을 들어 푸시한다.

❹ 왼다리

만약 늦어서 셔틀콕이 낮은 곳에서 타구가 이루어지면 왼다리를
이용해 타구 높이를 조절하여 타구한다.

사후동작
After

포핸드

백핸드

❶ **양발**	타구 후에 왼발을 끌어서 오른발 가까이 가져온 뒤 양발 모두 써서 뒤쪽으로 밀어주며 재빨리 코트 가운데(T자 위치)로 물러나준 뒤 다음 셔틀콕을 타구한다. 그 자리에서 계속 머무를 경우 반대쪽으로 트는 셔틀콕에 대처할 수 없다.
❷ **라켓**	타구 후 항상 라켓을 들어주어 푸시에 대비해야 한다.
❸ **시선**	홈 포지션으로 돌아올 때 시선은 정면을 주시하여 항상 다음 셔틀콕을 대비한다.

02 크로스 헤어핀
Cross Hairpin

네트 근처로 넘어온 셔틀콕을 상대 코트쪽 네트로 대각선 방향으로 타구하는 것이다. 이는 상대 선수의 위치나 움직임 방향을 피해서 헤어핀을 놓기 위한 방법이다.

Level
★★★★★

포핸드

백핸드

사전동작

Before

포핸드	백핸드

❶ 몸의 위치	모든 크로스의 기본은 콕보다 라켓이 바깥쪽에 있어야 한다는 것이다. 셔틀콕이 오는 방향보다 더 바깥쪽에서 안쪽으로 꺾어야 크로스를 칠 수 있다. 그래서 평소보다 몸이 바깥쪽으로 더 가야하고 셔틀콕이 맞는 위치가 안쪽에서 타구하는 느낌이 들어야 한다.
❷ 발	셔틀콕 타구 지점보다 오른발이 바깥쪽으로 가야 한다.

❸ 상대 오른발

헤어핀을 칠 때 상대 오른발이 보인다는 것은 내 앞에 상대가 있다는 것이다. 상대가 있는 상황에서 헤어핀을 하면 푸시가 바로 들어오게 된다. 이런 경우 크로스 헤어핀을 통해 상대가 없는 빈 공간을 공략한다.

❹ 몸과의 거리

세밀한 컨트롤이 필요하므로 몸의 중심에서 너무 멀어지지 않도록 주의한다. 얼굴과 셔틀콕이 너무 멀어지지 않도록 거리를 30cm 정도로 공간을 만들어주는 것이 좋다.

❺ 라켓

셔틀콕이 타구되는 곳보다 더 바깥쪽으로 라켓을 갖다 대준 뒤 라켓을 끌어와야 한다.

❻ 무릎

오른무릎이 오른발의 범위를 넘어가지 않도록 해준다.

❼ 드롭에 대처

상대 드롭을 계속 언더로 올려주게 되면 공격권을 계속 주게 된다. 드롭을 예상하고 크로스 헤어핀으로 공격하여 상대가 셔틀콕을 띄우게 만들어 공격권을 빼앗아 올 수 있다.

❽ 늦을 경우

네트 앞에서 상대의 드롭이나 커트에 대처하는 것이 늦은 경우 라켓을 코트 바닥에 닿을 듯이 깔아서 셔틀콕을 쫓아가 준다. 이때 대부분 상대는 정면에서 푸시를 잡기 위해 기다리고 있으므로 크로스 헤어핀을 통해 직선에서 푸시를 맞지 않도록 해준다.

❾ 준비

우리 편이 드롭을 놓거나 약하게 스매시를 칠 때 크로스 헤어핀이나 커트가 올 수 있다고 생각하면서 상대 라켓면을 보고 준비한다.

임팩트

Impact

포핸드	백핸드

① 시선

스윙 과정 중에서 네트를 보기보다는 스윙이 다 이루어질 때까지 셔틀이 맞는 순간을 봐줘야 정확성을 향상시킬 수 있다. 네트는 머릿속으로 미리 그려준 상태로 스트로크해 준다.

❷ 셔틀콕

헤드를 보면서 셔틀콕 옆의 깃털 부분까지 같이 맞춰 준다. 각을 더 예리하게 하기 위해서 셔틀콕 뒤를 긁으며 쳐보면서 각도를 만들어 가야 한다.

❸ 그립

오른쪽에서 타구할 때는 포핸드 그립을 잡고 쳐주지만, 왼쪽에서 타구할 때는 손목이 꺾일 수 있도록 백핸드 그립에서 오른 엄지를 그립의 옆면에 대주도록 한다.

❹ 손목

팔 전체가 움직이기보다 손목으로 방향을 바꿔주면서, 마치 내 몸 사선 방향으로 끌고온다는 느낌으로 쳐준다. 손목으로 끊어치기보다는 끝까지 손목으로 쓰다듬어 준다는 느낌으로 스트로크 해준다. 손목이 타구 직후에는 오른 허벅지쯤에 왔다가 바로 셔틀콕을 쫓아가 준다.

❺ 팔꿈치

팔을 다리 안쪽에 놓고 팔꿈치로 쓸어준다는 느낌으로 쳐준다.

❻ 라켓

라켓 헤드의 윗부분이 맞아야 세밀한 조절을 할 수 있다.

사후동작

After

포핸드

백핸드

---

❶ 팔 타구 이후에 팔이 셔틀콕과 같은 속도로 네트를 따라서 쫓아갈 수 있도록 한다.

---

❷ 발 크로스 헤어핀을 한 다음에는 홈 포지션(T자)에 안 들어오고 바로 셔틀콕을 따라가야 한다.

---

03 와이퍼샷
Wiper Shot

네트 근처로 넘어온 셔틀콕을 상대 진영의 네트 근처 지면 방향으로 예리하게 타구하는 것이다. 셔틀콕이 네트 위에 너무 근접해 있다면 공격적인 푸시를 시도하는 것보다 와이퍼샷이 더욱 위력적이다.

Level
★★★★★

포핸드 / 정면

포핸드 / 측면

백핸드 / 정면

백핸드 / 측면

❶	**라켓 1**	라켓헤드를 최대한 네트에 붙여서 타구한다.
❷	**타이밍**	셔틀콕의 헤드부분이 네트를 넘어오자마자 타구한다.
❸	**라켓 2**	타구 순간 백테와 평행하게 옆으로 깎아서 쳐야 한다.

❹ 그립	오른쪽에서 칠 때는 웨스턴그립으로 잡아주고 왼쪽에서 타구할 때는 백그립으로 잡아준다.
❺ 연습	백테에 셔틀콕을 위로 향하게 꽂아서 셔틀콕의 헤드를 와이퍼샷으로 해 주며 연습할 수 있다.
❻ 테이크백	라켓을 뒤로 젖히는 테이크 백을 조금하고 팔로스루를 더 하도록 한다.

04 포핸드 언더 클리어
Forehand Under Clear

언더 클리어는 무릎 아래의 셔틀콕을 상대 진영에 높고 멀리 타구하는 것이다. 수비적인 플레이를 할 때 이용한다. 포핸드 언더 클리어는 포핸드 그립으로 라켓을 쥔 쪽으로 넘어온 셔틀콕을 무릎 쪽에서 상대 진영의 엔드라인 쪽으로 높고 멀리 타구하는 것이다.

Level
★★★☆☆

정면

측면

사전동작

Before

정면	측면

❶ 스텝	드롭이 천천히 올 때는 왼발 오른발을 교차하며 언더 클리어 스텝을 밟고, 빨리 가야할 때는 교차하지 않고 왼발로 오른발을 차주는 느낌으로 사이드 스텝처럼 밟는다.
❷ 하체	상대가 타구할 때 하체를 한번 낮춰서 근육을 긴장시켜준 뒤 앞으로 팅겨주듯 나가면 큰 힘을 내고 더 멀리까지 닿을 수 있다.

❸ 라켓 셔틀콕을 잡아놓고 타구하기 위해서 포핸드 그립을 잡고 먼저 라켓 헤드를 뻗어준 상태에서 셔틀콕에 접근한다.

❹ 팔 라켓을 휘두르기 위해서 당겨서 타구하면 안 된다. 팔은 하체가 셔틀콕에 다가가는 동안 펴준다.

❺ 셔틀콕 셔틀콕과의 거리가 적당히 유지되어야 타구할 수 있는 공간이 생긴다.

❻ 라켓면 라켓면을 눕혀서 마치 헤어핀과 유사한 자세로 접근하여 상대가 헤어핀을 놓을지 언더 클리어를 칠지 헷갈리도록 한다. 상대의 위치와 준비상태에 따라 헤어핀으로 바꿔서 타구하는 경우도 준비해야 한다.

임팩트

Impact

정면	측면

---

❶ 셔틀콕 셔틀콕의 코르크를 치기보다 옆에 깃털 부분까지 타구하여 셔틀콕이 라켓 면에 붙을 수 있도록 타구한다.

---

❷ 타구 위치 마지막에 내딛는 발과 무릎의 연장 선상에서 타구한다.

---

❸ 머리 머리는 최대한 흔들리지 않도록 고정시킨다.

❹ 오른 무릎	오른무릎이 오른발 앞꿈치 이상 튀어나오게 되면 다시 홈 포지션으로 돌아오기 힘들고 무릎에 과한 체중이 실려 인대 및 근육 손상이 올 수 있다. 타구 시에 무릎이 오른발 앞꿈치보다 앞으로 나오지 않도록 한다.
❺ 오른 팔꿈치	오른팔꿈치는 편 상태에서 타구한다.
❻ 오른 손목	팔로 휘두르기보다 몸이 앞으로 진행하는 힘을 손목에서 받아 타구한다. 라켓을 먼저 셔틀콕에 갖다 대준 뒤 뒤로 손목에 힘을 빼어 라켓 무게나 스윙에 의해 뒤로 젖혔다가 잡아쳐야 높고 멀리 타구할 수 있다.
❼ 왼팔	왼팔은 진행 방향의 반대방향으로 들어주어 멀리오는 셔틀콕까지도 닿을 수 있도록 하고 신체의 균형을 맞추기 위해 좌측으로 핀다.
❽ 타구 방향	짧아지면 수비하기 어려운 경우가 있으므로 언더 클리어는 되도록 직선으로 올린다. 간혹 내 수비에 자신 없고 나의 파트너가 수비를 잘할 때는 크로스로 올려서 파트너가 상대팀 공격을 받도록 한다.
❾ 오른발	오른발이 지면에 닿는 순간 또는 닿은 직후에 타구하여 작용 반작용 법칙에 의해 하체의 속도가 상체를 거쳐 셔틀콕에 전달되도록 한다.

사후동작

After

정면	측면

❶ 오른발 뒤꿈치   타구 후에 홈 포지션으로 돌아오면서 오른발 뒤꿈치로 민다.

❷ 위치 잡기

언더 클리어를 타구한 쪽에서 바로 뒤로 빠져줘야 뒤에 있는 나의 파트너가 수비 위치로 이동할 수 있다. 우리 코트의 사이드라인 쪽 공간이 비기 때문에 뒤로 물러날 때 되도록 사이드라인 쪽으로 빠져 준다.

❸ 왼발

언더 클리어를 한 다음 왼발 또한 뒤로 가는 힘을 줄 수 있도록 왼발을 끌어서 오른발 뒤로 위치시킨다.

❹ 준비

언더 클리어를 올리면 상대는 대부분 스매시를 하게 된다. 언더 이후에 팔꿈치를 들고 상대 스매시를 수비할 수 있도록 준비한다.

❺ 셔틀콕

셔틀콕과의 거리가 적당히 유지되어야 타구할 수 있는 공간이 생긴다.

Tips for You 🏸 언더 클리어가 짧게 타구된 경우

언더 클리어를 짧게 올려버린 상황에서 내가 미처 홈 포지션에 가기 전에 상대가 스매시를 타구한 경우, 중앙의 홈포지션까지 못 돌아왔더라도 상대가 타구하는 순간 멈춰서 수비한다. 움직이는 상황에서는 수비의 정확성이 현격히 떨어지게 되기 때문이다.

05 백핸드 언더 클리어
Backhand Under Clear

백핸드 그립으로 라켓을 쥔 쪽의 반대 쪽으로 넘어온 셔틀콕을 무릎 쪽에서 상대 진영의 엔드라인 쪽으로 높고 멀리 타구하는 것이다.

Level
★★☆☆☆

정면

측면

사전동작
Before

정면	측면

❶ 스텝	여유가 있을 때에는 왼발과 오른발을 교차하며 언더 클리어 스텝을 밟아주고, 빨리 가야할 때는 교차하지 않고 왼발로 오른발을 차는 느낌으로 사이드 스텝처럼 밟는다.
❷ 하체	상대가 타구할 때 하체를 한 번 낮춰서 근육을 긴장시켜준 뒤 앞으로 튕겨주듯 나가면 큰 힘을 내고 더 멀리까지 닿을 수 있다.

❸ **라켓**	셔틀콕을 잡아놓고 타구하기 위해서 백핸드그립을 잡고 먼저 라켓 헤드를 뻗어준 상태에서 셔틀콕에 접근한다.
❹ **팔**	라켓을 휘두르기 위해서 당겨서 타구하면 안 된다. 팔은 하체가 셔틀콕에 다가가는 동안 펴준다.
❺ **셔틀콕**	셔틀콕과의 거리가 적당히 유지되어야 타구할 수 있는 공간이 생긴다.
❻ **라켓면**	라켓면을 눕혀서 마치 헤어핀과 유사한 자세로 접근하여 헤어핀을 놓을지 언더 클리어를 칠지 상대가 헷갈리도록 한다. 상대의 위치와 준비상태에 따라 헤어핀으로 바꿔서 타구하는 경우도 준비해야 한다.

임팩트

Impact

정면	측면

---

❶ 셔틀콕 셔틀콕의 코르크보다는 옆면의 깃털까지 타구하여 셔틀콕이 라켓면에 붙을 수 있도록 타구한다.

---

❷ 타구 위치 마지막에 내딛는 발과 무릎의 연장 선상에서 타구한다.

---

❸ 머리 머리는 최대한 흔들리지 않도록 고정시킨다.

---

❹ 오른 무릎	오른무릎이 오른발 앞꿈치 이상 튀어나오게 되면 다시 홈 포지션으로 돌아오기 힘들고 무릎에 과한 체중이 실려 인대 및 근육 손상이 올 수 있다. 타구 시에 무릎이 오른발 앞꿈치보다 앞으로 나오지 않도록 한다.
❺ 오른 팔꿈치	오른팔꿈치는 편 상태에서 타구한다.
❻ 오른 손목	팔로 휘두르기보다 몸이 앞으로 진행하는 힘을 손목에서 받아 타구한다. 라켓을 먼저 셔틀콕에 갖다 대준 뒤 뒤로 손목에 힘을 빼어 라켓 무게나 백스윙에 의해 잡아쳐야 높고 멀리 타구할 수 있다.
❼ 왼팔	왼팔은 진행 방향의 반대방향으로 들어주어 멀리 오는 셔틀콕까지도 닿을 수 있도록 하고 신체의 균형을 맞추기 위해 좌측으로 편다.
❽ 타구 방향	짧아지면 수비하기 어려운 경우가 있으므로 언더 클리어는 되도록 직선으로 올린다. 간혹 내 수비에 자신 없고 나의 파트너가 수비를 잘할 때는 크로스로 올려서 파트너가 상대 팀 공격을 받도록 한다.
❾ 오른발	오른발이 지면에 닿는 순간 또는 닿은 직후에 타구하여 작용 반작용 법칙에 의해 하체의 속도가 상체를 거쳐 셔틀콕에 전달되도록 한다.

사후동작

After

정면

측면

❶ 오른발 뒤꿈치	타구 후에 홈 포지션으로 돌아오면서 오른발 뒤꿈치로 민다.
❷ 위치 잡기	언더 클리어를 타구한 후 뒤의 반코트를 선택해서 빠져줘야 파트 너가 반대 반코트를 채워 이동할 수 있다.

❸ 왼발	언더 클리어를 한 다음 왼발 또한 뒤로 가는 힘을 줄 수 있도록 왼발을 끌어서 오른발 뒤로 위치시킨다.
❹ 준비	언더 클리어를 올리면 상대는 대부분 스매시를 치게 된다. 언더 클리어 이후에 팔꿈치를 들고 상대 스매시를 수비할 수 있도록 준비한다.
❺ 셔틀콕	셔틀콕과의 거리가 적당히 유지되어야 타구할 수 있는 공간이 생긴다.

Tips for You 🏸 언더 클리어가 짧게 타구된 경우

언더 클리어를 짧게 올려버린 상황에서 내가 미처 홈 포지션에 가기 전에 상대가 스매시를 타구한 경우 타구 순간 멈춰서 수비해야 한다. 움직이는 상황에서는 수비의 정확성이 현격히 떨어지게 되기 때문이다.

06 푸시
Push

QRCODE

전위에서 네트 위로 어느 정도 뜬 셔틀콕을 상대 진영의 바닥 쪽으로 손목을 이용하여 타구하는 플레이이다. 찬스 상황에서 확실히 득점하기 위해서는 상대 플레이어가 없는 빈 공간으로 푸시하는 게 좋다.

Level

★★★★☆

사전동작
Before

포핸드

백핸드

❶ **오른팔**	스텝을 밟으면서부터 오른팔을 뻗은 상태로 셔틀콕에 접근한다.
❷ **타구 위치 및 시선**	네트보다 가능한 위에서 타구하고 오른쪽 어깨 앞의 연장선상에서 맞아야 타구할 공간이 생긴다. 사이드라인으로 빠져서 날아오는 셔틀콕을 쫓아 가면서 푸시를 쳐줄 경우, 시선은 옆쪽을 보면서 내 몸 옆에서 타구한다.

임팩트

Impact

포핸드

백핸드

❶ 그립	그립을 오른쪽 그립을 기본으로 잡은 상태에서 손가락의 위치만 변화시켜 그립을 잡는다. 오른쪽을 푸시할 때는 엄지가 올라가지 않도록 한다.
❷ 팔	어느 정도 팔을 펴준 상태에서 접근하여 손목으로 쳐주어 풀스윙을 하지 않도록 한다.

❸ 팔꿈치

팔꿈치 높이가 어깨 높이 정도 올라와 있어야 스윙이 작아져서 네트에 걸리지 않고 타구할 수 있다.

❹ 손목

손목은 얼굴 위치까지 올렸다가 타구한다. 동작을 크게 하면 그 사이에 셔틀이 내려오게 되어 셔틀콕이 네트에 걸리게 되니 손목으로만 잡아서 눌러 쳐준다. 손목을 너무 꺾게 되면 네트에 걸리게 되므로 손목을 꺾기보다는 팔뚝부위로 타구하는 느낌으로 지나가는 셔틀콕을 잡아준다.

❺ 목표 위치

푸시의 목표는 가능한 상대 네트의 앞쪽에 떨어지도록 하는 것이 목표다. 하지만 각도가 나오지 않는 경우 상대의 몸쪽으로 밀어서 쳐주는 방법도 있다.

❻ 라켓헤드

늦은 상황에서 푸시를 할 때는 라켓헤드를 세우기보다는 가로로 눕혀서 셔틀콕을 타구한다.

❼ 상체

상체가 들어가면서 타구해야 한다.

❽ 체중 이동

오른발에 너무 체중을 싣게 되면 홈 포지션에 돌아오기 힘들다. 양발의 가운데에 체중의 중심을 위치시킨다.

사후동작

After

포핸드

백핸드

❶ 준비	푸시를 한 뒤 라켓을 내리지 말고 바로 전위에서 잡아주는 동작으로 이어져야 한다.
❷ 백핸드 푸시 이후	백핸드 푸시를 한 뒤 바로 라운드 헤드 타법 자세를 취해 주어 네트위로 지나가는 상대방의 리턴을 다시 푸시해 주도록 한다.

119

❸ 뒤로 이동

푸시 이후 몸이 완전히 나가면 안 되고, 타구 이후 다시 뒤로 돌아
오는 스텝을 해 주어 지나가는 셔틀콕을 잡아주도록 공간을 확보
한다. 이때 사이드 뒤쪽으로 한 발 정도 도망가듯 이동하여 타구
한다.

**❹ 앞으로
이동**

푸시를 잘 눌렀거나 전위에서 짧게 날아오는 셔틀콕을 잘 눌러
서 타구했을 경우에는 상대가 길게 받아치지 못하므로 상대의
짧은 타구를 대비해 앞으로 전진한다.

07 전위 플레이
Front Court Play

QRCODE

우리팀 진영의 앞쪽을 맡아서 플레이하는 경우로 타구된 셔틀콕이 상대 진영의 네트 가까이에 있을 때 활용하는 플레이이다.

Level
★★★★☆

포핸드

라운더 헤드

사전동작

Before

포핸드

라운더 헤드

❶ 눈높이 전위에서 눈높이는 백테 정도에 맞춰 서주지만 상체는 되도록 네트 아래에서 상대를 볼 정도로 낮춰주는 것이 좋다.

❷ 우선순위 후위에 있는 파트너가 스매시나 드라이브를 할 경우 전위 플레이 어의 우선순위는 ① 내 몸 주위를 빠르게 지나가는 드라이브성 리턴을 잡아 주는 것을 우선시하고, ② 커트성 리턴은 두 번째로

염두에 둔 채 자리를 잡아야 한다. 만약 후위에 있는 파트너가 드롭을 했을 경우에는 푸시를 우선 염두에 두어야 한다.

---

③ 셔틀콕

셔틀콕을 끝까지 보고 시야에서 잃어버리지 않도록 한다.

---

④ 어깨

집중하는 것은 좋지만 어깨에 힘을 빼야 타구가 자연스럽게 이루어질 수 있다. 어깨를 더 뒤로 빼준 상태에서만 대각으로 오는 셔틀콕도 쳐줄 수 있다.

---

⑤ 앞뒤 위치

상대가 드라이브를 쳐서 내가 드라이브로 되받아 치는 과정에서 너무 앞으로 나가 네트에 붙는다면 내가 셔틀콕을 받을 수 있는 시야가 좁아지게 된다. 최대한 셔틀콕을 앞에서 맞추기 위해서 T자보다 한발 뒤에 위치해 있는 것이 좋다. T자보다 한발 정도 뒤에서 한쪽 발은 라인을 밟아 준다. 다른 한쪽 발은 파트너가 타구하는 방향 쪽으로 발을 약간 대각선으로 준비하여 지나가는 셔틀콕을 칠 수 있는 공간을 준비해 주어 언제든 뒤로 앞발을 밀고 갈 수 있도록 준비해야 한다.

---

⑥ 발

어깨폭보다 양발을 넓게 벌려주고 한쪽으로 무게가 쏠리지 않고 양발에 무게가 균등하게 분배되어 있어야 한다.

---

⑦ 양옆 위치

보통은 우리 편이 스매시한 코트 쪽으로 반보 정도 더 가서 직선으로 오는 셔틀콕을 끊을 준비를 해줘야 한다. 하지만 상대가 대각으로 틀어서 타구하려 하는 것이 보이면 바로 반대쪽에서 끊어줄 준비를 한다.

---

❽ 커버해야 하는 범위

앞에 오는 셔틀콕은 당연히 받아야 하고 대각 드라이브로 오는 셔틀콕과 파트너가 받기 힘들게 대각으로 높게 오는 셔틀콕도 뒤로 물러나며 받아 준다. 네트 앞쪽보다는 지나가거나 뒤로 넘어가는 셔틀콕이 더 빠르기 때문에 지나가는 드라이브성이나 대각선 뒤로 넘어가는 셔틀콕을 우선적으로 잡는다 생각하고 준비한다.

❾ 타이밍

파트너가 왼쪽 뒤에서 몸이 나가며 중심이 무너지며 스매시를 하거나 가운데로 스매시를 하였는데 대각으로 멀리 되치기 당한 경우 전위 플레이어가 뒤로 나가주어야 한다.

❿ 라켓

라켓은 수비할 때처럼 눈앞에 있는 것이 아니라 머리 위에서 준비하여 언제든 위에서 아래로 내리꽂을 수 있도록 준비해 준다. 라켓 헤드를 날아오는 셔틀콕 높이에 맞춰주면서 쳐준다.

⓫ 팔

어깨에 힘이 들어가지 않을 정도로 팔을 편하게 들어 준다. 전위에 있을 경우 백핸드를 잡게 되면 상대적으로 포핸드보다 힘이 약하므로 팔을 들 때 살짝 라운더 헤드 타법으로 들어주는 것이 좋다.

⓬ 팔꿈치

팔꿈치를 몸통에서 떼어 어깨보다 들어준 상태에서 준비한다.

⓭ 발 뒤꿈치

발 뒤꿈치를 떼고 준비하고 있어야 한다.

⑭ 상대	전위의 위치에서 상대와 짧은 거리에서 받아치는 것은 쉽지 않기 때문에 상대가 받는 라켓면을 주의해서 봐야 한다.
⑮ 허리	전위에서는 허리를 펴고 서 있어야 한다. 허리를 수그리고 있으면 타구하기 위해서 허리를 펴야 하는 추가동작이 들어가고 시야가 좁아지므로 지나가는 빠른 셔틀콕에 반응하기가 어렵다. 좌우로 멀리 오는 셔틀콕은 허리를 좌우로 틀어주면서 잡아주고 뒤쪽으로 늦은 경우 허리를 뒤로 젖혀서라도 몸을 세운 상태로 셔틀콕을 잡아 쳐주도록 한다.
⑯ 무릎	셔틀콕이 날아오는 높이에 따라 무릎으로 상체 높이를 조절한다.
⑰ 푸시성 드라이브	대각으로 흘러나오는 볼은 사이드 스텝으로 푸시성 드라이브로 처리한다.
⑱ 간격	전위와 후위의 간격은 약 1m 내에 있도록 간격조절을 하고, 대각으로 되치기 되는 것을 전위가 나가서 잡아줄 수 있도록 한다.

임팩트

Impact

포핸드

라운더 헤드

---

❶ 그립 ┊ 전위에서는 라켓 그립을 짧게 잡아서 스트로크해야 한다.

---

❷ 손목 ┊ 스윙을 휘두르기보다 손목으로 짧게 끊어서 잡아서 타구해 주어
야 한다. 세게 치려고 하기보다는 상대의 힘을 이용하여 잡아서
타구한다고 생각한다. 마치 낚시를 하듯 셔틀콕을 당겨서 타구한
다는 느낌으로 스트로크하는 것이다.

---

❸ 라켓

상대가 파트너의 스매시를 틀어 내 왼쪽으로 보낸 경우에 웬만하면 라운더 헤드 타법으로 치도록 준비하고 그 범위를 벗어난 것은 백핸드 스트로크로 잡아 처리한다.

❹ 발

스윙 과정에서 너무 많이 점프를 뛰어 발을 떼려고 하지 말고 바닥에 발을 거의 붙인 상태에서 타이밍에 맞춰 타구한다. 앞에서 언더 클리어를 가듯이 뒤따라오는 발을 끌면 안 되고, 뒤따라오는 발을 잘 밀어주어야 멀리 갈 수 있다.

❺ 백핸드 방향

최대한 라운더 헤드 타법으로 준비해 주는 것이 좋지만 전위에서 먼 쪽으로 백핸드 방향으로 거리가 멀게 오는 경우는 백핸드 스트로크로 타구해 주고, 그 다음부터는 라운더 헤드 타법으로 준비해 주어야 강한 타구를 할 수 있다.

❻ 상체

전위 플레이를 할 때 팔만 가면 되는 것이 아니라 상체도 같이 따라가야 한다.

❼ 하체

양발을 살짝 뛰면서 타이밍을 잡고 있다가 상대방이 치는 순간에 맞춰 하체를 눌러서 셔틀콕이 날아오는 방향으로 뛰어준다.

❽ 점프

무릎과 발목으로 반동을 주면서 위아래로가 아닌 최단 거리로 셔틀콕이 뜬 방향으로 낮게 뛰어주도록 한다.

❾ 타이밍

드라이브성으로 해 주는 것이 좋지만 처음에는 타이밍을 맞춰서 톡톡 맞추는 것에 초점을 둔다.

⑩ 셔틀콕	네트에서 많이 뜨면 푸시해 주고 만약 뜨지 않았다면 대각으로 놓아준다.
⑪ 왼쪽 라운더 헤드 푸시	왼쪽 라운더 헤드 푸시를 할 때는 왼발을 앞으로 내주면서 친다.
⑫ 목표 라인	전위플레이를 하면서 푸시성으로 쳐줄 때 계속 바깥으로 나간다면 안쪽 서비스 라인을 보고 쳐준다. 특히 백사이드 쪽으로 뜬 셔틀콕을 라운더 헤드 타법으로 타구할 때에는 각도를 주어 꽂으려 하지 말고 사이드 단식 라인을 따라 살짝 밀어서 스트로크 해주는 편이 아웃되지 않고 안전하게 치는 방법이다.
⑬ 스윙	착지하기 전에 스윙이 먼저 나오도록 해 주는 것이 좋다.
⑭ 실수 유도 전략	상대의 백핸드 방향으로 먼저 한번 셔틀콕을 주고 포핸드로 바로 한 번 더 셔틀콕을 밀어주면, 백핸드 그립에서 포핸드 그립으로 그립 전환을 힘들어하므로 실수를 유도할 수 있다.

사후동작

After

포핸드	라운더 헤드

① 균형

스윙을 한 다음 한쪽으로 자세가 쏠려버리면 안 된다. 스윙이 이루어 지자마자 바로 정면을 보고 준비한다. 만약 푸시를 치더라도 코트 가운데에 중심으로 바로 돌아와야 크로스로 오는 타구도 잡을 수 있다.

❷ 준비

스윙을 짧게 가져가서 스윙한 뒤 바로 라켓을 들고 다음 셔틀콕을 준비한다.

❸ 치고 난 뒤

스매시 후 셔틀콕이 짧고 강하게 리턴되어 오는 경우 드라이브로 대응해야 한다. 내가 타구한 드라이브가 확실히 네트 아래로 꽂히면 앞쪽으로 계속 들어가고 네트에서 뜬 채로 갔다면 섣불리 앞으로 들어가지 않고 그 자리에서 다시 오는 상대 타구를 준비한다.

❹ 어깨

집중하는 것은 좋지만 어깨에 힘을 빼야 타구가 자연스럽게 이루어질 수 있다. 어깨를 더 뒤로 빼준 상태에서만 대각으로 오는 셔틀콕도 쳐줄 수 있다.

❺ 첫째 타구 후 다음에 올 방향 예측

내가 상대의 오른쪽을 향해서 타구했을 경우 주로 직선방향으로 다시 리턴하기 때문에 라운더 헤드 타법을 준비해서 앞에서 잡아준다. 내가 상대의 몸쪽이나 백을 향해서 타구했을 경우 상대는 주로 대각선 방향으로 리턴을 하기 때문에 포핸드 방향에서 잡아준다.

Chapter 6

배드민턴 중위 플레이

배드민턴 중위 플레이는 우리 진영 코트를 네트와 평행하게 삼등분 했을 때 가운데에서 이루어지는 스트로크를 통칭한다. 네트의 가운데에서 이루어지는 만큼 주로 빠른 스트로크가 이루어지게 된다. 드라이브로 강한 공격이 이루어지거나 커트와 같이 상대편 코트 앞쪽에 떨어뜨려 상대 자세를 무너뜨리는 스트로크로 플레이한다.

01 드라이브
Drive

코트의 중위에서 좌우 또는 정면으로 날아오는 셔틀콕을 네트 높이와 평행하고 빠르게 타구하는 것이다. 높은 순발력을 요구하기에 낮은 자세에서 팔을 들고 미리 준비자세를 취하는 것이 좋다.

Level

★★★★☆

정면

측면

사전동작

Before

정면	측면

❶ 라켓	라켓을 앞에 놓은 상태에서 뒤로 당긴다. 뒤로 테이크백을 할 때 라켓이 하늘을 보는 지점이 있어야 한다.
❷ 팔꿈치와 무릎	팔을 가볍게 굽히고 오른팔꿈치를 들어 셔틀콕이 날아오는 방향으로 준비한다. 타구가 이루어질 위치를 상상해야 하고, 왼쪽 팔꿈치도 들어준 상태로 균형을 잡고 무릎은 구부려서 높이를 맞춘다.

임팩트

Impact

❶ 시선	네트 백테를 보고 네트에서 뜨지 않도록 한다. 체중을 실어 앞쪽 서비스라인까지 밀어 준다. 상대의 실수를 유도하기 위해서는 상대 가슴을 노리면서 겨드랑이로 시선을 두고 공격한다.
❷ 셔틀콕	셔틀콕이 정면으로 맞으면 안 되고 날개와 같이 타구가 이루어져야 한다.

③ 스윙궤적 | 공격권을 가져오기 위해서 되도록 위에서 아래로 눌러주도록 드라이브를 쳐준다.

④ 타구 위치 | 몸 앞쪽에서 잡아주어야 힘을 실을 수 있다.

⑤ 손목 | 동작이 크지 않도록 간결하게 끊어서 스트로크한다. 스윙이 아래까지 늘어지지 않고 잡아주면서 타구가 이루어져야 한다.

⑥ 팔 | 끊어지는 타구가 이루어지고 반동으로 다시 팔을 들어준다.

⑦ 손 | 엄지, 검지, 중지가 집게처럼 잡는 느낌으로 타구한다.

⑧ 팔꿈치 | 팔꿈치가 펴지면서 타구가 이루어지도록 한다.

⑨ 오른발 | 타구가 이루어지고 착지한다. 드라이브 타구 시에 위아래로 점프하기보다 방향만 잡고 낮게 뛰어주어야 한다.

⑩ 왼발 | 왼발을 끌고 가는 것이 아니라 밀어주며 타구한다.

⑪ 상체 | 상체는 아래 방향으로 내려가면 안 되고 앞으로 들어가는 힘을 담아서 임팩트 시에 체중이 실리도록 도와 준다. 드라이브와 전위플레이는 상체를 세워서 타구하고 수비는 상체를 굽혀서 몸 앞에 공간을 만들어서 타구한다.

⑫ 몸통 | 몸을 위아래 수직운동이 아닌 수평운동만 할 수 있도록 한다.

사후동작

After

정면	측면

❶	**라켓**	라켓은 항상 얼굴 앞에 둔다.
❷	**팔**	타구가 이루어진 뒤 팔을 내리는 것이 아니라 바로 팔을 들고 라켓을 세워서 다음 셔틀콕을 준비한다.

❸ 위치이동

드라이브를 치고 나서 네트 아래에서 상대가 잡으면 다음 셔틀콕이 찬스볼로 올라올 수 있기 때문에 네트 앞으로 들어가고 네트 높이 쯤에서 받으면 멈춰 준다. 네트 위에서 공격적으로 상대가 받으면 멈추거나 상대와의 거리를 확보하기 위해 물러나주고 수비적으로 받아 준다.

❹ 코스

양쪽 단식 라인을 따라 드라이브 해야 나에게 찬스볼이 온다. 왜냐하면 왼쪽 드라이브를 상대 오른쪽으로 치고 오른쪽 드라이브는 상대 왼쪽으로 치는 경우 상대가 대각으로 틀기 힘들기 때문에 내가 있는 직선으로 오는 것으로 예측할 수 있기 때문이다.

02 백 드라이브
Back Drive

백핸드 그립을 잡고 라켓의 뒷면을 이용하여 네트 높이와 평행하고 낮게 스트로크하는 것이다. 높은 순발력을 요구하지만 미리 준비하고 있다면 빈 공간으로의 드라이브를 구사하여 득점할 수 있다.

— Level —
★★★★☆

정면

측면

사전동작

Before

정면	측면

❶ 오른팔 : 팔을 접고 타구 위치에서 준비한다.

❷ 팔꿈치 : 오른쪽 팔꿈치를 위로 들고 가준다.

❸ 어깨 : 왼쪽 어깨가 뒤로 빠져주고 왼쪽 어깨가 아래로 낮아져야 오른쪽 어깨가 올라가서 위에서 타구할 수 있다.

❹ 라켓

포핸드에서 백핸드로 바뀔 때 그립이 전환되면서 라켓면이 바뀌어 드라이브가 타구되어야 한다. 준비 상태에서 라켓헤드가 손의 높이보다 위쪽에 위치하게 한다.

❺ 셔틀콕

셔틀콕 끝까지 봐주면서 날개면까지도 쳐줄 수 있도록 한다.

❻ 그립

손목을 더 써주기 위해서 푸시그립보다는 엄지를 옆면에 대는 그립으로 잡고 친다.

임팩트

Impact

정면	측면

❶ **라켓**   포핸드와 마찬가지로 라켓면이 한 번 뒤로 누워 하늘을 본 다음 세우면서 타구가 이루어진다.

---

❷ **오른손목**   손목 살짝 굽혔다가 위에서 아래로 손목으로 눌러주며 펴준다.

---

❸ **타구 위치**   오른쪽 무릎 앞에서 타구가 이루어지도록 한다.

❹ **타구 높이**	셔틀콕이 맞는 위치가 어깨보다 위에서 맞을 수 있도록 무릎으로 상체 높이를 조절한다.
❺ **왼발**	점프를 뛰기보다는 왼발로 앞으로 밀어주면서 타구되도록 한다.
❻ **오른발**	타구가 이루어진 뒤 착지하도록 한다.
❼ **상체**	거의 등을 상대에게 보여줄 정도로 몸을 돌려준 뒤 타구한다.
❽ **어깨**	어깨 힘을 뺀 상태로 유지하면서 팔꿈치와 손목이 나갈 수 있도록 한다.

사후동작

After

정면	측면

❶ **준비**		백 드라이브를 해준 뒤 다시 가운데로 돌아와야 한다.
❷ **손 모양**		타구가 이루어진 다음 정면에 있는 사람이 손등이 보이지 않도록 주먹모양을 만들어 준다.
❸ **팔**		타구 후에 팔이 내려가는 것이 아니라 앞으로 밀어 준다.

03 커트
Cut Shot

QRCODE

무릎 쪽의 낮은 셔틀콕을 상대 진영의 네트에 떨어지도록 살짝 타구하는 것이다. 이는 상대가 공격적인 스트로크를 하지 못하게 하여 우리팀으로 하여금 공격찬스를 만들어내는 것에 목적이 있다.

─ **Level** ─
★★★☆☆

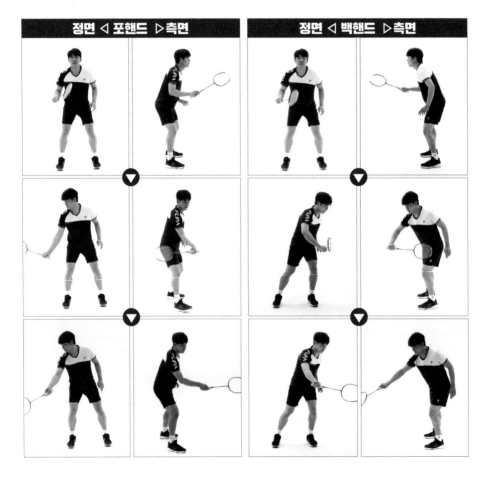

사전동작

Before

포핸드 정면

포핸드 측면

❶ 멈춤	스윙으로 들어가기 전에 잠깐 멈추는 동작이 들어가야 한다.
❷ 스텝	가까운 것도 작은 발을 떼주면서 거리를 조절하고 왼발 오른발 스텝을 밟아야 한다.

---

❸ 눈높이 커트는 네트 아래에서 타구하는 경우가 많다. 몸의 자세를 낮춰
주고 백테 밑에 눈높이가 올 수 있도록 한다

---

❹ 라켓 크로스 커트를 할 때는 라켓이 셔틀보다 더 바깥쪽에 있다가 들
어오면서 타구한다.

임팩트

Impact

포핸드 정면	포핸드 측면

❶ **그립**		백핸드 크로스 커트는 백핸드 그립으로 잡은 뒤 오른엄지를 그립의 사이드 부분에 대주어 손목이 더 잘 꺾이도록 한다.
❷ **상체**		상체가 앞으로 가주면서 타구해 줍니다. 상대가 친 셔틀콕이 빠를 때는 살짝 몸을 뒤로 빼주면서 속도를 최대한 줄인 상태로 타구해야 한다.
❸ **셔틀콕**		커트는 대부분 크로스로 상대방의 빈 공간을 공격하기 위해서 한다. 크로스 커트를 하면서 깃털을 맞춰주어야 한다.
❹ **몸의 방향**		몸은 정면을 봐준 상태에서 타구한다.
❺ **손목**		크로스를 할 때 팔을 쓰기보다는 손목으로 방향을 바꾼다.
❻ **목표지점**		되도록 서비스 라인 앞에 떨어지게 해야 상대의 균형을 무너뜨릴 수 있다.
❼ **타이밍**		커트는 드라이브보다 한 템포 늦혀서 타구해야 한다.
❽ **타구 위치**		내 몸 범위에 올 때까지 기다렸다가 타구한다.

사후동작
After

포핸드 정면

포핸드 측면

❶ **셔틀콕의 궤적** 잘못된 타구로 셔틀콕의 최고점이 상대 코트에서 생길 수 있다. 이렇게 되면 셔틀콕이 멀리 가서 상대가 대응할 수 있는 시간적 여유가 더 생기게 된다. 셔틀콕의 최고점이 우리 코트에서 생겨야 셔틀콕이 내려가면서 예리하게 떨어지게 된다.

❷ **팔로스루** 끊어치지 말고 진행방향인 앞으로 천천히 팔을 움직인다. 라켓을

네트에 살짝 얹어주는 느낌으로 타구해야 한다.

상대의 드라이브가 너무 낮게 깔려서 오거나 헤어핀이 왔으나 푸시를 하기 힘든 경우 상대의 전위와 후위 사이 빈 공간에 가볍게 보내주는 스트로크이다. 타구 시에는 끊어 치지 않고 진행하는 방향대로 몸의 체중을 이용하여 밀어주도록 한다.

Chapter 7

배드민턴 후위 플레이

배드민턴 후위 플레이란 코트를 세로로 삼등분 했을 때 제일 뒤쪽에서 이루어지는 스트로크를 통칭하는 말이다. 네트에서 제일 먼 곳에서 이루어지는 만큼 주로 강한 스트로크가 이루어지게 된다. 하이클리어로 상대편 코트 깊숙한 곳까지 보내주거나 스매시로 강한 공격이 이루어지기도 하고 드롭과 같이 상대편 코트 앞쪽에 떨어뜨려 상대 자세를 무너뜨리는 스트로크로 플레이하기도 한다.

01 하이클리어
High Clear

배드민턴 스트로크 중에서 가장 높고 멀리 보내는 스트로크
이다. 상대가 우리 코트의 뒤쪽으로 기습적으로 셔틀콕을 보
냈을 때 상대 코트로 깊숙이 되받아 치기 위해 사용하는 스트
로크이다. 셔틀콕이 상대 코트로 가는데 시간이 걸리기 때문
에 우리 팀이 다음 셔틀콕을 준비할 시간을 벌기 위해서 이
스트로크를 사용하기도 한다.

Level
★★☆☆☆

정면

측면

사전동작

Before

정면	측면

❶ 스텝

- 오른쪽: 오른발 → 왼발 → 오른발 → 점프
- 왼쪽: 왼발 → 왼발 → 오른발 → 점프

셔틀콕이 멀리 떴을 경우 위의 스텝에서 첫발을 떼기 전에 반대쪽 발로(예: 오른쪽으로 갈 때 왼발로 밀어주며 첫 오른발을 밟아 준다.) 힘껏 밀어주어 더 먼 거리를 커버할 수 있도록 한다.

❷ 몸통		첫 스텝을 밟으면서 곧바로 오른 몸통을 뒤쪽으로(오른손 잡이인 경우) 돌려 준다.
❸ 팔꿈치		오른팔꿈치가 어깨선보다 떨어지지 않도록 한다.
❹ 오른어깨		후위 스텝에 들어가자마자 어깨를 빼주고 들고 가야 한다. 타구 지점까지 가서 들게 되면 늦는다.
❺ 오른손		오른손을 뒤로 옮길 때 직선 최단 거리로 옮겨준다.
❻ 오른발		테이크백 이후에 오른발의 중심이 어깨보다 뒤에 위치해야 뒤쪽으로 모든 무게 중심을 이동시킬 수 있다.

임팩트

Impact

정면

측면

---

❶ 타점 | 점프 이후에 최고점에서 타구한다. 스매시 때보다는 뒤에서 쳐도 괜찮지만 내 몸보다 앞쪽에서 타구가 이루어져야 한다.

---

❷ 팔꿈치 | 오른팔꿈치가 펴지는 힘으로 친다.

---

❸ 오른팔

힘으로 치기보다는 부드럽게 채찍질을 하듯이 처음에는 천천히 시작해서 최대 가속 상태에서 타구가 이루어지도록 한다.

❹ 목표 지점

상대 사이드 뒤쪽 서비스라인을 목표로 쳐준다. 가운데로 셔틀콕을 올릴 경우에는 상대의 공격 방향을 예측하기 힘들다.

❺ 목표 방향

대각선의 상대가 아주 약한 것이 아닌 이상 직선으로 보내는 것을 기본으로 한다.

❻ 셔틀콕의 궤적

내가 타구하는 위치에 따라 내 파워에 따라 코트 상황에 따라 다르게 궤적을 가져가야 한다. 기온이 1도 올라가면 공기의 밀도가 낮아져서 5cm 정도 셔틀콕이 더 멀리 날아간다. 만약 밀려서 멀리 보내야 하는 상황인 경우 위쪽 방향으로 45도 각도로 셔틀콕을 보내주면 최대 거리로 보내줄 수 있다.

❼ 그립

중지 쪽으로 힘을 주면서 라켓을 잡아주고 라켓의 무게감을 셔틀콕에 전달해 줄 수 있도록 한다.

❽ 오른어깨

힘을 빼고 있다가 칠 때 힘을 줘서 밀어주며 타구한다.

❾ 다리

왼쪽 다리가 회전축이 되고 오른발로 차고 나가면서 스윙이 되어야 한다. 만약 오른발이 회전축이 되어 스윙을 하게 되면 뒤로 나가면서 스윙이 이루어지게 된다.

사후동작

After

정면	측면

❶ 로테이션

하이클리어를 치면 상대는 공격할 가능성이 높기 때문에 양쪽으로 벌려 수비포지션으로 잡아준다. 만약 내가 파트너 뒤에서 하이클리어를 치면 파트너가 뒤로 올 것이기 때문에 나는 반대 코트쪽으로 움직여 수비한다.

❷ 팔로스루

라켓 헤드가 타구가 이루어진 다음에 포물선을 그리도록 한다.

❸ 콜

공격을 하다가 하이클리어 타구하게 될 경우 파트너가 수비를 빨리 준비할 수 있도록 "나와"라고 콜해 주는 것이 좋다.

Tips for You 🏸 하이클리어가 짧았을 경우

하이클리어가 짧았을 경우 중앙 홈포지션까지 돌아오기 전에 상대가 공격할 가능성이 높기 때문에 가운데 지점까지 돌아오지 못하더라도 상대가 타구하는 순간에 멈춰서 수비 자세를 취한다.

02 백핸드 하이클리어
Backhand High Clear

QRCODE

상대가 라운더 헤드(몸을 왼쪽으로 기울여서 포핸드로 타구하는 방법)로 타구할 수 없을 정도로 기습적으로 백핸드(오른손잡이인 경우 왼쪽) 방향으로 셔틀콕을 보냈을 경우 상대 코트로 깊숙이 되받아치기 위해 사용하는 스트로크이다.

Level

★★★★★

정면

측면

사전동작
Before

| 정면 | 측면 |

---

❶ 라켓헤드

라켓헤드는 스윙 직전 가장 낮은 곳에 있을 수 있도록 한다. 미리 떨어뜨린 상태에서 치기보다는 칠 때 라켓헤드를 떨어뜨리면서 힘을 더 잘 전달할 수 있다.

---

❷ 그립

보통의 그립은 엄지가 그립의 가장 편평한 부분을 감싸며 잡게 된다. 하지만 백스트로크를 칠 때에는 손목의 가동범위를 높이기 위해서 엄지를 그립의 사이드에 얹어서 잡아 준다.

❸ 팔꿈치 | 팔꿈치가 몸에서 가장 멀리 있도록 빼준 상태에서 팔꿈치로 셔틀콕을 가리켜 준다. 오른팔꿈치를 접어서 팔꿈치가 옆이 아니라 위로 나와줘야 높은 타점에서 셔틀콕을 타구할 수 있다.

❹ 오른어깨 | 오른어깨가 턱 밑에까지 올라오게 들어준 상태로 타구점까지 이동한다.

❺ 몸통 | 셔틀콕이 라운더 헤드 타법으로 따라가지 못할 정도로 멀리 오거나 늦은 상황에서 백 클리어를 해 주며 먼저 뒤로 완전히 몸을 돌아준 상태로 낙하지점까지 가준다.

❻ 가슴 | 가슴을 접어줬다가 펴주면서 타구한다. 마치 일반적인 하이클리어의 거울동작을 하듯 뒤쪽 방향으로 당겨서 몸의 탄성을 이용한다.

❼ 왼무릎 | 왼무릎을 살짝 굽혀서 지면 반발력을 최대한 끌어낸다.

❽ 왼발 | 마치 하이클리어 자세의 오른발처럼 안쪽부분에 힘을 주어 눌러서 몸의 코일링 힘을 극대화한다.

임팩트

Impact

정면	측면

---

❶ 타구 위치 ┊ 몸보다 앞에 맞을 수 있도록 한다. 마지막 오른발을 밟아준 라인
과 평행한 라인에서 타구되도록 한다.

---

❷ 팔꿈치 ┊ 팔꿈치를 접어준 상태에서 펴주면서 스윙을 해 주고 오른팔꿈치
부터 먼저 나오면서 스윙을 시작한다.

---

❸ 오른발 | 마지막 발을 딛는 동시에 타구가 이루어지도록 한다.

❹ 허벅지 | 오른허벅지에 힘을 주어서 무게중심이 오른발에 오도록 한다.

❺ 손목 | 손목을 세워주면서 손목으로 눌러서 타구한다.

❻ 몸통 | 포핸드의 반대 메커니즘이라고 생각하고 스윙한다.

❼ 허리 | 허리로 밀어주는 힘도 더해서 타구한다.

❽ 왼발 | 포핸드 클리어에서 오른발이 밀어주는 것처럼 백핸드는 왼발이 밀어 준다.

❾ 왼무릎 | 왼무릎을 구부렸다 펴는 과정에서 하체에 힘을 실을 수 있다.

사후동작

After

정면	측면

---

❶ 라켓 스윙이 끝났을 때 라켓헤드가 가장 높은 곳에 있게 하고 사이드 라인과 평행하게 선을 긋는 느낌으로 팔로 스루를 해준다.

---

❷ 준비 라켓을 밀어준 다음 돌아서며 자연스럽게 홈 포지션(단식일 경우 코트의 중앙, 복식일 경우 코트 좌우 중 한 쪽의 중간 지점)으로 돌아오고 준비 자세를 잡아준다.

---

❸ 팔

타구 시 끊어 치거나 팔을 완전히 펴주면 팔꿈치 부상이 생길 수 있다. 팔을 적절히 펴주면서 힘이 앞으로 전달되도록 사이드라인과 평행하게 밀어준다.

❹ 팔꿈치

스윙을 한 뒤 바로 팔꿈치를 몸쪽으로 떨어뜨리기보다는 앞으로 좀 더 보내준 다음 내려준다.

❺ 시선

타구가 이루어지고 셔틀콕이 날아가는 것을 보기보다는 팔로스루가 이루어질 때까지 셔틀콕의 타구 위치를 봐준다.

03 드롭
Drop Shot

QRCODE

드롭은 상대가 수비 자세가 견고하게 갖춰져 있을 때 자세를 무너뜨리기 위해서 상대 네트 앞으로 떨어뜨리는 후위 스트로크이다. 상대의 자세를 무너뜨리기 위해서 내가 스매시를 타구할 것으로 예상하도록 만들기 위해 스매시와 동일한 자세에서 마지막에 라켓의 속도를 줄여서 타구해 준다.

Level
★★★★☆

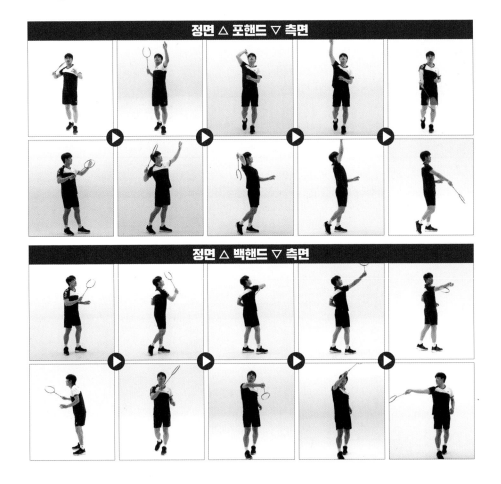

사전동작

Before

포핸드 정면

포핸드 측면

백핸드 정면

백핸드 측면

❶ 자세	드롭은 상대가 속지 않으면 오히려 푸시를 당하기 쉽다. 스매시 자세와 동일하게 풀스윙을 준비한다.
❷ 다리	발바꾸기 스매시처럼 왼발을 들고 드롭한다.
❸ 방향	상대가 앞쪽에 없는 방향으로 드롭한다. 두 상대 모두 비어있다면 가운데로 보내어 상대 둘을 앞으로 끌어들여 상대 포지션을 흔들어 준다. 남복으로 경기할 때는 가운데로 드롭해 주고 혼복으로 경기할 때는 가운데에 전위가 있으므로 사이드로 드롭을 쳐준다.
❹ 허리	허리를 뒤로 젖히고 스매시와 같은 자세로 잡아야 상대가 속는다.
❺ 팔꿈치	오른팔꿈치를 어깨 높이보다 들어준다.
❻ 스윙	상대방이 스매시라 생각하게끔 임팩트 전까지는 스매시처럼 빠르게 스윙을 하다가 맞는 순간 속도를 감속하여 상대를 속인다.

임팩트

Impact

포핸드 정면

포핸드 측면

백핸드 정면

백핸드 측면

❶ 셔틀콕

셔틀콕의 코르크가 아닌 셔틀콕이 서있을 때의 옆면을 타구한다. 깃털과 코르크를 동시에 맞춘다고 생각해야 한다. 네트를 머리로 그린 상태에서 직선으로 타구하여 상대에게 푸시를 맞지 않기 위해 위로 떴다가 내려가는 굴곡이 있는 포물선 궤적을 그리지 않도록 타구한다. 포물선 궤적의 최고점이 우리 코트에서 생겨야 내려가면서 날카롭게 상대 코트에 셔틀콕이 들어갈 수 있다.

❷ 타구 위치와 손목

스매시와 마찬가지로 타점은 앞에서 셔틀콕을 맞춰 준다. 스윙 과정에서 끊어 치기보다는 셔틀콕을 손목으로 긁으며 풀스윙한다. 네트 백테에 라켓을 살포시 갖다 댄다는 느낌으로 타구한다.

❸ 대각 드롭

대각으로 드롭을 할 경우에는 밀어치는 드롭과 슬라이스 드롭으로 타구할 수 있다. 밀어치는 드롭은 몸의 방향을 대각으로 틀어준 뒤 직선으로 드롭할 때보다 더 멀리 보고 라켓면을 정면으로 한 상태에서 타구한다. 밀어치는 드롭은 안정적인 반면 상대가 방향을 미리 예측한다는 단점이 있다. 슬라이스 드롭은 몸의 방향은 정면을 봐준 상태에서 앞으로 팔을 보내며 타구하지만, 타구 순간 라켓면을 정면으로 보내고자 하는 반대쪽 면을 손목으로 깎아서 타구해야 한다. 이는 상대방이 예상하지 못한 방향으로 보낼 수 있다는 장점이 있다. 대각으로 드롭을 해 줄 경우 상대가 직선으로 올릴 가능성이 크므로 반대편으로 이동한다.

❹ 왼쪽 드롭

오른손잡이는 왼쪽의 타점이 더 낮게 형성되므로 걸리지 않도록 조금 더 밀어주며 타구한다.

사후동작

After

포핸드 정면

포핸드 측면

백핸드 정면

백핸드 측면

❶ 준비

드롭을 하고 앞으로 가는 스텝을 해 주어 몸이 코트의 중앙으로 들어가서 다음에 오는 상대 타구에 대비한다. 타구 이후 앞으로 나오는 스텝이 처음에는 익숙해지기 힘들다. 타구 후에 앞으로 가기 위해서는 타구 전에 완전히 오른다리에 모든 무게가 넘어 간 상태에서 앞으로 나오면서 스윙이 이루어져야 한다.

❷ 오른손목

팔로스루 과정에서 허리 위치까지는 손목으로 눌러주어야 한다.

❸ 언더 클리어가 오는 방향 패턴

드롭 이후에 상대가 언더 클리어를 올리는 방향에 어느 정도 패턴이 있어서 다음에 날아오는 타구를 예측하고 스매시로 공격하기 편하다. 한마디로 정리하자면 상대방 몸의 범위 밖에서 타구되는 셔틀콕은 주로 직선으로 올라오는 경향이 크고 상대방 몸의 범위 안에서 타구되는 셔틀콕은 주로 대각선으로 올라오는 경향이 크다. 구체적으로 설명하자면 만약 내가 드롭을 오른쪽으로 하고 바깥으로 많이 빼서 상대방이 왼쪽 몸 바깥쪽으로 받을 경우 주로 상대는 라인을 따라 직선으로 언더 클리어를 한다. 하지만 상대의 왼쪽 몸쪽으로 드롭을 했을 경우에는 주로 대각으로 언더 클리어가 올라온다. 내가 드롭을 왼쪽으로 많이 빼서 상대가 몸 바깥 오른쪽에서 받는 경우 대체로 대각으로 언더 클리어가 올라온다. 하지만 상대 오른쪽 몸쪽으로 드롭이 된 경우에는 직선 방향으로 언더 클리어가 올라오기 쉽다.

❹ 상대 드롭에 대한 대처

상대가 드롭을 했을 때 길게 오면 푸시를 쳐주고 상대 전위가 앞으로 다가오지 않으면 크로스헤어핀으로 공략한다. 상대 파트너가 전위에 온다면 후위가 없는 쪽으로 언더 클리어를 보내준다.

❺ 드롭 이후 스매시		내가 드롭을 한 뒤에는 올라오는 셔틀콕을 스매시로 타구하도록 한다.
❻ 파트너 위치		파트너가 드롭을 하면 내가 앞에 전위에 위치하여 앞에 오는 셔틀콕을 다 잡아줘야 한다.

Tips for You 백핸드 드롭

백핸드 드롭도 드롭과 마찬가지로 내 몸보다 앞에서 맞아야 하고, 백클리어처럼 오른팔꿈치로 겨냥한 뒤 원하는 방향으로 셔틀콕을 밀어준다.

04 스매시(발바꾸기 스매시)
Smash

스매시는 배드민턴에서 타구하는 가장 빠르고 공격적인 스트로크이다. 상대방 코트에 빠르게 셔틀콕을 보냄으로써 상대 수비 실수를 이용해서 다음 찬스볼을 만들 수도 있으며 빈 공간을 공략할 경우 바로 포인트를 얻을 수도 있다.

Level
★★★★☆

정면

측면

사전동작

Before

정면	측면

❶ **셔틀콕**

셔틀콕이 날아오면 정확한 점을 잡아놓고 치기 위해서 셔틀콕 헤드를 보면서 머릿속으로 네트를 이미지화 한다. 셔틀콕의 띠가 보이는 시점에서 임팩트 타이밍을 맞춰 준다. 타구 시에는 헤드와 함께 날개도 같이 쳐서 힘의 전달면적을 늘릴 필요가 있다. 정타 타구음이 들리지 않는다면 타구 시 깃털까지 맞는지 살펴보아야 한다.

② 몸 위치 잡기

스매시를 치기 위해서는 셔틀콕을 앞에 두고 쳐야 한다. 이를 위해 셔틀콕이 오는 궤적에 따라서 셔틀콕의 밑으로 움직여 주어야 한다. 상대가 셔틀콕을 넘겼을 때 셔틀콕의 밑으로 들어가서 타구하는 어깨 위에 셔틀콕이 정확히 떨어지는 몸의 위치가 적정 위치라고 볼 수 있다. 셔틀콕 아래로 들어갈 시간이 없을 경우에도 사이드 스텝을 밟다가 오른발을 빼주어 쳐주거나 사이드 스텝으로 원점프를 뛰어 도달하기 힘든 셔틀콕까지 스매시를 쳐줄 수 있도록 스텝 연습을 해야 한다.

③ 발 위치

왼발을 앞에 두고 오른발은 몸통 라인에 수직이 되도록 벌려서 'ㄴ'자 모양을 만들어 주는 것이 좋다.

④ 왼손

처음 왼손은 힘을 빼준 채로 손바닥을 상대 쪽으로 편다. 타점을 앞에서 잡기 힘든 경우 왼손 위치에 공이 오도록 위치하여 거리를 가늠한다.

⑤ 왼다리

왼다리가 마치 동물의 꼬리처럼 축이 되고 균형을 잡고 버텨주어야 한다. 왼다리가 축으로 하여 오른발이 한 발 더 나가는 것이지 왼발을 뒤로 빼면 안 된다.

⑥ 왼발

왼발 앞꿈치로 밀어주는 힘을 이용하여 셔틀콕 밑으로 이동한다. 이때 왼발을 들어서 지탱하는 것이 아니라 왼발로 밀어주어야 한다. 왼발로 밀어주게 되면 자연스럽게 무릎이 살짝 굽혀진다. 오른발쪽으로 무게중심이 갔을 때 왼발의 뒤꿈치를 진행 방향으로 향해준다.

⑦ 왼어깨	왼어깨가 돌아서 몸통 코일링이 되어야 몸의 힘을 끌어내어 타구할 수 있다. 어깨가 꼬이지 않으면 팔의 힘만으로 치게 된다.
⑧ 몸통과 가슴	테이크백(라켓을 뒤로 가져간 상태)을 한 상태에서는 하체에는 힘을 주고 상체는 완전히 힘을 뺀 상태로 대기하고 있다가 스윙하는 과정에서 상체로 힘이 갈 수 있도록 한다. 가슴은 쫙 펴주고 스윙 직전에 정면에서 보았을 때 오른어깨가 몸통에 가려져 있어야 한다.
⑨ 코어	후위 스텝을 밟으면서는 하체는 오른쪽, 상체는 라켓을 뒤로 당겨 테이크백이 이루어지면서 왼쪽으로 향하도록 하여 코어를 비틀어 준다.
⑩ 왼옆구리	왼손을 든 상태에서 타구 바로 직전에 왼쪽 옆구리를 늘려 준다. 늘어난 옆구리를 통해서 힘의 방향의 정확성을 증가시킬 수 있다. 동시에 오른쪽 옆구리는 살짝 접히는 느낌이 오도록 하여, 가슴을 순간적으로 펴주고 뒤로 팔을 당겨주어 순간 반동을 받아 스윙을 더 가속해 줄 수 있다.
⑪ 허리	하체 힘은 중심이동과 허리 회전에서 나온다. 타구 직전 몸을 튼 상황에서 허리를 젖힐 때 너무 등 쪽으로 많이 젖히지 않도록 해야 한다. 다시 회전하는 데 시간이 많이 들어가게 되어 타이밍을 잃게 되는 경우가 많다. 오히려 오른어깨 방향으로 뒤쪽으로 허리를 더 젖혀 주어 뒤쪽에서 모아둔 힘을 앞으로 실을 수 있도록 해 주는 것이 좋다.

⑫ 오른쪽 골반	코일링(상체와 하체 사이의 비틀림) 할 때 왼쪽 복숭아 뼈가 네트를 향하는 방향으로 바라보도록 한 상태에서 오른쪽 골반을 비틀어 준다. 체중 이동이 왼쪽에서 오른쪽으로 확실히 이동시켜 하체와 골반이 몸통보다 더 뒤틀리는 느낌을 주어야 한다.
⑬ 오른무릎	오른발로 밀어주기 전에 살짝 뒤쪽으로 앉아주는 느낌을 가져서 뒤로 힘을 모아두어야 한다. 달리 말하면, 하체를 스윙회전 반대 방향쪽으로 살짝 당겨주어 코일링이 더 잘되도록 해야 한다.
⑭ 오른발	왼발을 차서 오른발을 찍을 때 왼발과 오른발의 각도는 90도 ~120도 정도가 적당하다. 오른발은 뒤꿈치까지 붙었다가 떼면서 점프하여 지면 반발력을 이용해야 한다. 무게중심을 완전히 뒤쪽 방향으로 옮겨 주고 모든 힘이 오른발에 모일 수 있도록 한다.
⑮ 오른손	오른손을 뒤로 빼줄 때 귀 옆을 스쳐서 지나갈 수 있도록 하고, 스윙이 시작되기 전까지 라켓을 쥔 손이 뒤통수 뒤에 위치할 수 있게 해야 한다.
⑯ 오른어깨 및 견갑골	뒤로 가는 스텝이 시작되는 순간부터 오른 어깨를 빼고 팔을 든 채로 뒤로 나가주어야 한다. 팔꿈치 위치는 항상 어깨라인보다 위에 있어 주면서 정확성을 더 올려 주어야 한다. 스윙이 전체가 이어지면 안 되고 잠깐 멈춤이 있어야 한다. 멈추는 시간이 있어야지 가만히 있으려는 관성의 힘까지도 이용해서 칠 수 있다. 어깨는 빼면서 어깨 뒤쪽의 편평한 뼈인 견갑골을 뒤로 같이 당겨주어야 한다.

임팩트

Impact

정면	측면

❶ **라켓**

타구 시에 셔틀콕 헤드가 위에서 라켓 3분의 1지점에서 가운데 사이에서 맞아야 정타를 맞출 수 있다. 거트 전체 면 중에서 가운데보다는 위(거트 줄 수로 따져보면 위에서 7~8번째 줄 정도)에 맞아야 힘이 제대로 전달된다. 타구되는 순간 팔의 위치는 몸통 선을 기준으로 135도 방향(1~2시)에서 타구되는 것이 좋다. 또한 타구 시 라켓면이 정면이 되는지 거울을 보며 확인해야 한다.

❷ 머리 위치

머리는 타구 시 살짝 왼쪽으로 기울여 고정한 상태에서 오른쪽 귀 옆에 공간을 주어 타구 정확도를 늘릴 수 있다.

❸ 타점

정면을 본 상태에서 내가 손을 올렸을 때 고개를 들지 않고 손이 보이는 지점이 내가 가장 힘을 낼 수 있는 타점이다. 평균적인 히팅 포인트를 이마 앞 15cm, 위로 30cm 정도로 보고 있다.

❹ 눈

상체가 열리지 않도록 몸통은 오른쪽을 응시한 상태이기 때문에, 머리를 완전히 정면으로 향하고 왼쪽으로 살짝만 고개를 돌려준 뒤 왼쪽 눈으로 셔틀콕을 응시하도록 한다. 상체의 힘까지도 풀기 위해서 눈의 힘도 살짝 풀어 준다.

❺ 라켓

머리 뒤에서 백스윙 시에 라켓 끝으로 U자를 그리게 되고, 이 U자가 작거나 느리면 큰 가속을 낼 수가 없다. 스윙이 나올 때 라켓이 등 뒤에서는 수직으로 된 상태에서 앞으로 뽑아야 하고 라켓이 나올 때 뒤의 회전보다 앞의 회전이 더 커져야 한다. 백스윙을 통해서 이마 앞 까지 끌고 오는데 최대한 몸라인에 붙여서 인앤아웃(몸 안쪽에서 바깥쪽으로 가는) 궤적으로 가져가야 한다.

❻ 숨

어깨나 몸이 굳는 경우에는 날숨을 쉬어 몸에 힘을 뺀다.

❼ 왼팔꿈치

왼팔꿈치를 내리는 동작부터 스윙이 시작된다. 스윙궤적이 너무 작은 경우 왼팔을 더 앞쪽으로 뻗어서 내려주면 조금 더 스윙궤적을 크게 만들 수 있다. 들어준 왼쪽 팔꿈치는 몸 뒤쪽으로 빼주는 것이 아니라 몸쪽으로 붙여 준다.

❽ 왼팔

왼팔을 내 몸으로 당긴다고 생각하기보다는 왼팔쪽으로 내 몸이 간다고 생각해야 한다. 실제로는 팔이 아닌 상체가 움직이는 것이다. 왼팔을 최대한 기다려서 상체를 버텨줬다가 스윙을 시작한다. 왼팔을 완전히 펴지 않은 상태에서 몸 바깥쪽으로 물체를 낚아채듯 팔을 회전할 수 있도록 한다. 왼팔이 옆구리에 다 도착한 다음에 오른팔이 출발하도록 양팔의 타이밍을 달리 한다.

❾ 왼어깨

왼어깨는 아래로 당겨오면서 안쪽으로 모아주고 오른어깨가 앞쪽으로 나갈 수 있도록 지탱해야 한다. 왼쪽과 오른쪽 어깨선이 직선이 되기 위해서 오른어깨가 올라간 만큼 왼쪽 어깨는 내려주어야 하고 어깨라인이 대각선으로 될 때 타점이 더 높아진다. 허리는 수평으로, 팔은 수직으로만 움직인다면 허리의 힘을 이용할 수 없다. 허리와 어깨라인이 왼쪽으로 약간 기울어져서 왼쪽으로 당겨 줘야 스매시가 부드러워지고 어깨부상 없이 플레이할 수 있다. 왼쪽 어깨를 약간 올려주어 어깨를 닫아주고 스윙 과정에서 어깨를 아래로 내려찍어서 상체의 회전에 힘을 더해 준다. 하체는 직선운동 상체는 회전운동을 해준다는 사실을 인지하고 있어야 한다.

❿ 왼쪽 골반

스윙을 하기 위해 하체가 왼쪽으로 이동할 때, 왼쪽 골반 바깥 부분부터 밀어주고 오른발로 차주는 자세가 필요하다. 이때 왼쪽 골반 앞에 벽이 있다고 생각하고 밀어 준다.

⓫ 왼무릎

스윙 시 무릎 라인이 발가락 라인보다 안쪽에 있어야 한다. 왼발 착지 때 무릎이 미리 열리면 안 된다. 무릎이 바깥으로 벌어진 상태로 왼쪽 골반이 열릴 경우 골반 회전으로 힘을 줄 수 없다.

⑫ 왼다리

왼다리를 일부러 앞으로 뛰는 것이 아니라 왼발의 위치에 오른발이 오면서 앞으로 몸 전체가 기울여지는 것이다. 왼다리를 들고 왼다리는 바로 1자로 착지하는 것이 아니라 빙 돌아서 반원을 그리며 착지한다.

⑬ 왼발

왼발 뒤꿈치를 스매시를 보내고자 하는 쪽으로 향해 주면서 중심 이동을 해야 한다. 왼발 뒤꿈치를 앞쪽으로 해 주어 왼발목을 비틀어 줘야 하체 골반이 안 벌어지고 힘을 모아 칠 수 있다. 왼발 뒤꿈치 바깥 부분이 회전점이 되어야 한다.

⑭ 가슴

몸이 위로 올라가면서 가슴을 펴면서 올려준 다음에 때려주어야 타점이 높아진다.

⑮ 코어

스윙이 시작된 뒤 타구가 이루어지기 직전에는 왼옆구리를 앞으로 약간 둥글게 모아 준다는 느낌으로 내 몸통 코어에 힘이 모이게 해준다. 코어에 힘을 주어 하체와 상체를 연결해 하체의 힘이 상체로 전달되도록 해준다. 마치 에어로빅에서 팔꿈치로 무릎을 찍는 느낌처럼 코어가 비틀어져야 한다.

⑯ 허리

골반을 비틀어준 상태로 뒤꿈치를 떼면서 허리를 밀어 준다. 허리의 꼬임이 어쩔 수 없을 때까지 코어에 모아 놨다가 풀어야지 미리 풀어버리면 안 된다. 골반이 열릴 때 상체는 닫아놓은 상태에서 코어를 중심으로 비틀어지도록 한다.

⑰ 몸통

중심이 앞으로 가기 전에 상체가 열리지 않도록 뒤로 잡아주다가 골반이 밀고 나가 중심이 앞으로 이동한 다음에 왼발을 딛는 타이밍에 상체가 회전하도록 한다. 하반신이 체중 이동을 해 주는 동안 상반신은 비틀어진 상태를 유지한다. 이때 골반을 정면으로 돌렸을 때 상체가 동시에 열려 버리면 골반의 회전력이 전달되지 않아 정면에서 그냥 팔로 던지는 것과 같아져 버린다. 밀어주는 동작에서 상체가 항상 뒤에 기둥을 끌어안아 준다는 느낌으로 뒤에 무게중심을 뒤로 잡아주고 버텨줘야 상체에 무게중심을 둘 수 있다. 왼발이 정면으로 바라보기 시작할 때까지 상체는 최대한 버텨 준다. 타구가 이루어진 다음 상체가 들어가며 몸통이 정면이 될 수 있도록 한다.

Tips for You 🏸 코어를 이용한 코일링

강호동이 만능스포츠맨인 이유는 워낙 운동지능이 뛰어난 이유도 있지만, 상대를 엎어 치는 연습을 하는 과정에서 코어가 발달하여 코일링이 자연스럽게 되는 이유도 있을 수 있다. 코어를 이용한 코일링은 모든 운동의 핵심인 것이다. 코일링 연습 방법을 한 가지 말씀드리자면, 정면을 보고 있다가 왼발을 떼며 오른발 뒤로 살짝 기대면서 상체를 뒤로 젖힌 다음 골반-몸통-팔-팔꿈치-손목에서 그 위치에서 최대한 지연을 시켜주어 코일링 연쇄작용(골반- 몸통-팔-팔꿈치-손목의 순서로)을 느끼면서 온몸의 텐션을 끌어모아 연습 스윙을 해야 한다. 마치 버스가 급정거했을 때 몸이 튕겨 나가듯 왼쪽 다리가 펴지고 상체가 세워졌을 때 손과 팔이 앞으로 튕겨 나간다는 느낌으로 원심력을 느끼며 셔틀콕을 던져주는 연습을 해볼 수 있다.

⑱ 오른손 그립과 손가락

타구 순간에 엄지가 그립에 걸리고 검지 중지에 힘을 주며 잡아 채 주어야 한다. 스매시를 포함한 오버헤드 스트로크는 새끼 손가락부터 힘을 주며 쥐어야 하고, 드라이브와 푸시는 검지부터 힘을 주어서 쥐어야 한다. 검지와 중지의 사이를 붙이기보다는 독수리 발톱처럼 한 마디 정도 벌리는 것이 힘 전달이 쉽다. 스윙이 나갈 때 검지가 받침점이 되고 라켓의 헤드 무게를 느끼면서 쳐주어야 한다.

⑲ 오른손

라켓을 쥔 손을 뒤통수에 놓고 온다는 느낌으로 뒤로 튕겨준 뒤 활처럼 앞으로 끌어와 준다. 만약 뒤통수에 놓고 오는 것이 안 된다면 뒤쪽으로 라켓을 든 손을 살짝 당겼다 쳐주는 것도 좋다. 하체를 회전할 때 상체를 뒤쪽으로 최대한 잡아두었다가 어쩔 수 없이 끌려 나오도록 하고, 상체가 정면으로 회전할 때 오른팔 은 최대한 뒤에 잡아두었다가 어쩔 수 없이 끌려 나오도록 한다. 손은 마지막까지 머리 뒤에서 최대한 버텨서 연쇄적으로 뒤에서 부터 힘을 다 받으면서 나올 수 있도록 한다.

⑳ 오른손목

타구 시에 손목에 힘을 너무 빼거나 주어서는 안 된다. 손목은 꺾 이지 않고 중립으로 팔과 일직선 라인을 형성하여 버텨줘야 셔틀 콕에 제대로 힘을 실을 수 있다. 타구 시 손목을 꺾는 것이 아니 라 농구공을 드리블하듯 스냅으로 때린다. 손목을 써줄 때 단순 히 눌러주는 것이 아니라 회전(회내 회전- 밖에서 안으로 감아서)해 주 는 것이다. 이러한 손목의 느낌으로 라켓을 허리라인까지 누른 다. 하체로부터 에너지가 만들어진 뒤, 어깨는 에너지 방향을 조 절하는 역할을 하고 손목은 에너지를 전달해 주는 역할을 한다.

㉑ 오른팔	타구 시에 팔의 모든 근육을 짜내주듯이 비틀어 준다.
㉒ 오른 팔꿈치	오른팔꿈치를 치고자 하는 방향으로 살짝 찍어준 다음 팔꿈치를 펴서 힘을 전달한다. 손목을 통해 스냅으로 써주는 과정에서 팔꿈치 펴는 힘을 가중해 주어야 한다. 하지만 이때 너무 끝까지 펴주게 되면 팔꿈치부상이 올 수 있으므로 한계 직전까지만 펴준다.
㉓ 오른어깨	견갑골로 오른어깨를 받친 상태에서 오른어깨를 앞으로 빼서 밀어 던진다는 생각으로 스윙한다. 테이크백 상태에서 스윙을 시작하자마자 어깨에 너무 힘이 들어가게 되면 자세가 무너진다. 어깨에 힘이 처음부터 들어가면 정확도도 잘 맞지 않는다. 최고의 힘을 내기 위해서는 테이크백에서부터 라켓이 흔들리지 않을 정도의 적절한 힘으로 끌고 오다가, 전체 스윙 구간 중에서 10~20%의 구간을 지났을 때 힘을 주기 시작해야 한다. 만약, 파워보다 정확성을 요해야 하는 낮게 날아오는 셔틀콕과 같은 경우에는 30~40% 스윙 구간을 지날 때부터 힘을 주기 시작하는 것이 좋다. 스윙은 어깨 힘을 빼고 스피드로 쳐서 마지막에는 가속도가 최고조일 때 임팩트가 이루어지도록 한다.
㉔ 오른다리	오른다리가 완전히 펴진 상태에서는 하체에 힘을 줄 수 없다. 스쿼트 자세처럼 무릎이 나오지 않은 상태에서 오른다리를 구부리고 오른발을 차준다. 왼발로 밀어서 뒤로 갔다가 앞으로 나오는 반동을 이용하여 올라가면서 쳐주어야 한다. 하체가 회전하여 무릎이 엄지발가락 정도 선을 지날 때 무릎 반동으로 순간적인 힘으로 차주어야 한다.

㉕ **오른발**	오른발가락만으로 밀어주기보다 오른쪽 엄지발가락 아래에 있는 튀어나온 큰 뼈로 밀어 주고 오른쪽 엄지발가락으로 마지막에 스냅을 주듯이 밀어 준다.
㉖ **오른무릎**	무릎으로 밀어서 친다는 느낌으로 시도해 보는 것도 좋다.
㉗ **오른 허벅지**	하체의 힘을 비축하여 상체로 전달하기 위해서 허벅지 안쪽과 복근을 짜준다는 느낌으로 회전의 속도를 올려주어야 한다.
㉘ **오른골반**	오른쪽 골반의 이동 거리를 최대한 늘리며 버텨주어야 한다.
㉙ **스매시 목표 방향**	스매시는 직선에 있는 사람이 받도록 친다. 크로스 스매시는 되받아 치게 되는 경우가 많으니 수비가 약한 사람이 있을 때, 또는 갑작스러운 코스 변경을 하고자 할 때 시도하면 좋다.
㉚ **스매시를 받기 힘든 부위**	스매시를 치기 전에 스매시 목표 위치를 머릿속으로 그린 상태에서 스매시가 이루어져야 한다. 스매시를 받기 제일 힘든 곳은 상대의 오른어깨 부위이다.(왼손잡이한테는 왼쪽 어깨쪽이 가장 받기 힘든 곳이다.) 되도록 오른어깨 부위를 노리고 치고, 상대의 수비가 견고한 경우 방향을 달리하여 양쪽 라인을 따라 타구하거나 기습적인 드롭을 시도한다.
㉛ **코스**	상대가 준비하지 않고 있는 방향(백 or 포)으로 먼저 쳐 주고 상대의 왼쪽과 오른쪽을 번갈아 가며 노리면서 상대가 그립을 바꾸면서 치도록 만들어 실수를 유도한다.

㉜	**왼쪽 코트에서 스매시**	왼쪽에서 스매시를 때릴 때 계속 걸리는 경우 오른어깨를 조금 더 빨리 빼주도록 노력하고 왼쪽에서 스윙할 때 약간은 라인을 따라 밀어서 친다는 느낌으로 쳐주는 것이 좋다. 왼쪽 코트에서 타점이 맞지 않는 경우, 아예 몸이 코트 밖 왼쪽으로 나가도 된다고 생각될 정도로 왼쪽으로 더 가서 오른어깨 위에 셔틀콕이 떨어질 위치로 타점을 맞추도록 한다.
㉝	**타이밍**	만약 사이드 원점프 스매시는 타구가 잘 되는데 발 바꿔 뛰는 점프가 맞지 않는다면 오른쪽 사이드 원점프 스매시를 친다고 생각하고 옆으로 뛴 다음 몸통을 더 빨리 돌려 임팩트 순간에는 정면을 볼 수 있도록 한다.

Tips for You ✕ 스냅 타이밍 맞추는 방법

스냅을 해 주는 타이밍이 맞지 않는 경우 손목에 수건을 걸어주고 검지, 중지로 빼준 상태에서 수건을 잡아채는 연습을 해야 한다. 이마 앞에서 "퍽"하는 소리가 들려야 스냅 타이밍이 올바른 것이다.

189

사후동작

After

정면	측면

❶ 라켓 ┊ 스윙 후 왼쪽 종아리 쪽으로 팔로스루가 되도록 한다.

❷ 옆구리 ┊ 타구 이후에는 타구 전과 반대로 왼쪽은 접히고 오른쪽 옆구리 라인이 퍼지도록 한다.

❸ 왼발

스윙이 이루어진 다음 왼다리가 뻣뻣하게 착지되면 안 되고 착지한 왼발로 밀어줄 수 있도록 무릎을 살짝 굽히고 왼발로 눌러주어야 앞으로 추진력을 받아 나갈 수 있다. 착지 시 왼발이 머리보다 뒤쪽에 떨어져야 체중을 다시 앞으로 이동 시켜 홈 포지션에 돌아올 수 있다.

❹ 오른팔

타구한 후 바로 스윙이 이루어진 다음 최단 거리로 라켓을 들어서 준비 자세를 취한다. 상대가 수비 시에 공격권을 빼앗아 오도록 드라이브성 리시브를 치면서 드라이브 싸움을 걸어올 수 있기 때문에, 타구 이후에 공격적으로 라켓을 들지 않으면 다음에 날아오는 셔틀콕을 준비하기 힘들다.

❺ 가슴

스윙이 시작될 때는 가슴을 연 상태에서 타구하지만 스윙 과정에서 가슴을 닫아주어 상체 회전 스피드를 더해야 한다.

❻ 스매시 후 위치이동

스매시한 다음 몸의 중심이 뒤로 밀리면 안 되고 어떻게든 앞으로 상체를 끌고 나와야 한다. 스매시를 중간이나 대각으로 치게 되면 상대가 수비하면서 틀 가능성이 있기 때문에 스매시 후에 가운데 라인까지 와주어야 한다. 스매시를 직선으로 때릴 경우는 가운데 라인까지는 못가더라도 한 발 정도는 가운데 라인 쪽으로 붙어주어야 다음 셔틀콕을 치기 수월하다.

❼ 스매시 후 대각 커트

스매시 후에 다시 올라왔을 경우 자세를 잘 잡고 있다면 다시 스매시를 쳐주는 것이 좋지만, 타이밍을 못 맞췄을 경우에는 대각 커트를 시도하여 공격권을 잃지 않도록 해준다.

05 백 스매시
Back Smash

상대가 라운더 헤드(몸을 왼쪽으로 기울여서 포핸드로 타구하는 방법)로 타구할 수 없을 정도로 기습적으로 백핸드(오른손잡이인 경우 왼쪽)방향으로 셔틀콕을 보냈을 경우 상대 코트로 빠르게 보내기 위해 사용하는 스트로크이다. 스매시와 마찬가지로 상대방 코트에 빠르게 셔틀콕을 보냄으로써 상대 수비 실수를 이용해서 다음 찬스볼을 만들 수도 있으며 빈공간을 공략할 경우 바로 포인트를 얻을 수도 있다

Level
★★★★★

❶ 그립

보통의 그립은 엄지가 그립의 가장 편평한 부분을 감싸며 잡게 된다. 하지만 백 스매시를 칠 때에는 손목의 가동범위를 높이기 위해서 엄지를 그립의 사이드에 얹어서 잡아 준다.

❷ 손목

팔꿈치를 먼저 펴준 뒤 손목으로 누른다.

❸ 팔꿈치

팔꿈치가 앞으로 나가면서 타구하고, 타구 이후에 늘어지지 않고 팔꿈치를 끌고 내려온다.

❹ 타구 위치

몸 앞에서 맞을 수 있도록 내 몸 라인이 아니라 왼발꿈치보다 앞에서 타구 되어야 한다.

Tips for You 🏸 하프 스매시

팔로스루를 완전히 다하지 않고 허리 부분까지만 해 주고 바로 라켓을 들어 다음 준비를 하기 위해서 하프 스매시를 한다. 밀어 쳐주는 하프 스매시도 있고 손목으로 눌러주는 하프 스매시가 있다. 주로 왼쪽 뒤편으로 밀렸을 때 네트에 걸리지 않기 위해 밀어치는 하프 스매시를 한다.

06 사이드 원점프 스매시
Side One-Jump Smash

후위 스텝 타구후 홈포지션으로 들어가는 과정에서 갑작스럽게 셔틀콕이 내 옆쪽 방향으로 떠서 올 경우 스매시로 강하게 타구해 주는 스트로크이다. 발바꾸기 스매시가 뒤로 스텝을 밟아주는 반면, 사이드 원점프 스매시는 사이드 스텝으로 옆으로 스텝을 밟아 이동하며 타구한다.

Level

포핸드

라운더 헤드

사전동작

Before

포핸드	라운더 헤드

❶ 스텝

왼쪽으로 뛸 때는 오른발, 왼발로 스텝을 밟아 점프하고 오른쪽으로 뛸 때는 왼발 오른발로 스텝을 밟아 점프한다. 마지막 스텝에서 점프하고자 하는 방향의 발에 힘을 주어 눌러서 뛰어준다.

❷ 도움닫기 스텝	점프하는 방향의 반대쪽 발로 강하게 디디며 도움닫기 하며 점프한다. 양발을 동시에 다 써서 도움닫기 하지 않도록 주의한다. 도움닫기 한 다리를 접어주면 더 큰 반동을 줄 수 있다. 오른쪽으로 점프할 때는 왼발로 도움닫기 하며 왼다리를 접어주고 왼쪽으로 점프할 때는 오른발로 도움닫기 하며 오른다리를 접어준다.
❸ 오른어깨	팔꿈치보다 어깨를 높인 상태로 어깨를 빼줘서 준비한다.
❹ 왼쪽	오른손잡이에게는 상대적으로 왼쪽이 더 멀기 때문에 타점을 맞추기 힘들다. 오른발로 도움닫기를 강하게 해 주어 왼쪽으로 더 점프하여 오른어깨에 셔틀콕을 위치하여 타구한다.

임팩트

Impact

포핸드	라운더 헤드

---

❶ 복근 | 타구 순간에 왼쪽 복근에 힘을 주면서 허리를 써준다.

---

❷ 점프 방향 | 몸이 나가면서 셔틀콕이 떨어지는 방향으로 뛰면서 타구한다. 왼쪽, 오른쪽, 양옆, 대각 6개의 모든 방향으로 점프할 줄 알아야 한다.

---

❸ 손목	스매시를 하는 궤적 위에 셔틀콕이 여러 개 있다고 생각하고 허리까지 손목으로 눌러준다.
❹ 스윙 타이밍	점프하여 몸이 올라가면서 쳐야 한다. 올라간 뒤에 스윙하려고 하면 타이밍이 맞지 않는다.
❺ 왼어깨	왼쪽 어깨로 자세를 잡아둔 상태에서 타구해야 한다. 왼쪽이 자세가 먼저 무너지면 힘을 셔틀콕에 전달하기 어렵다.

Tips for You 🏸 사이드 원점프 스매시

사이드 원점프 스매시의 스텝을 분석해 보면 오른쪽으로 뛰어주는 왼발, 오른발로 밟아주는 스텝은 발바꾸기 스매시의 스텝과 거의 유사하고 왼쪽으로 뛰어주는 오른발, 왼발 스텝은 서전트 점프 스매시와 닮았다.

사후동작

After

포핸드	라운더 헤드

❶ 착지 다리가 벌어지면서 착지하며, 점프하고자 하는 방향의 발로 먼저 착지한다.

07 서전트⒀ 점프 스매시
Sargent Jump

서전트 점프 스매시는 양발로 뛰는 서전트 점프를 하면서 빠르게 타구해 주는 스트로크 이다. 점프를 뛰어주는 만큼 더 높은 곳에서 타구를 할 수 있게 되므로 발바꾸기 스매시보다 예리한 각도로 스매시할 수 있다.

Level
★★★★☆

정면

측면

사전동작
Before

정면

측면

❶ 상대 위치 확인	먼저 셔틀콕이 올라오는 순간 코트에서 상대방의 위치를 스캔하여 어떤 코스로 스매시를 때릴지 미리 결정한다.
❷ 시선	몸이 수직으로 많이 움직이는 만큼 셔틀콕을 끝까지 보면서 집중해서 타구한다. 네트를 보기보다는 셔틀콕에 집중하고 네트는 마음속으로 상상하여 타구한다.

❸	**타구 위치**	오른어깨와 머리 위의 선상에서 타구가 이루어질 수 있도록 한다. 몸 앞에서 때려주어야 체중이 실릴 수 있다.
❹	**오른손**	양손은 점프를 뛰기 전에는 허리 쯤에 팔을 위치시켰다가 점프 이후 스윙 시작 전 오른손의 위치가 머리보다 뒤에 위치하도록 해야 한다.
❺	**오른 팔꿈치**	스텝의 첫발을 떼는 순간부터 팔꿈치는 어깨라인보다 항상 위에 있도록 준비한다. 발바꾸기 스매시와 마찬가지로 어깨를 뒤로 빼서 정면에서 보았을 때 팔꿈치가 안 보여야 한다. 스윙 시작 직전에 아주 잠깐이라도 멈추는 동작이 있어야 순간 가속으로 폭발적인 힘을 쓸 수 있다.
❻	**오른어깨**	오른어깨를 뒤로 빼주어 견갑골에 팔을 걸친다는 느낌으로 준비한다.
❼	**라켓 헤드**	라켓헤드를 머리 뒤로 위치시켜 준비한다.
❽	**왼쪽 골반과 어깨**	왼쪽 골반과 왼쪽 어깨는 최대한 닫아놓을 수 있을 만큼 닫아놓았다가 연쇄작용에 의해 억지로 열리도록 하는 것이 힘을 가해주는 데 도움이 된다.
❾	**왼팔꿈치**	왼팔꿈치로 셔틀콕 가리키며 방향을 겨냥한다.
❿	**허리**	활처럼 뒤쪽 허리를 당기며 비틀어 준비한다.

⑪ 왼팔	왼팔을 대각선 방향으로 들어서 균형을 잡아주면 타구의 정확성이 향상된다.
⑫ 무릎	스쿼트 자세처럼 무릎을 굽혀 앉았다가 점프해야 더 높게 뛸 수 있다. 무릎이 아래를 향하기보다는 앞으로 향하게 굽혀준다.
⑬ 발	오른발을 먼저 자리잡고 왼발을 놓아준다. 마치 왼쪽으로 사이드 원점프를 뛰는 것처럼 중심이동을 시켜준다. 셔틀콕의 낙하지점을 내 왼발보다 라켓 하나 길이만큼은 앞에 두고 점프해야 앞으로 뛸 수 있다. 오른발에 모든 몸의 무게를 모은다.
⑭ 발 방향	오른발은 타구하는 방향에 놓은 왼발과 직선 또는 왼편에 있어야 회전하는 힘을 실어 타구할 수 있다. 오른발이 왼발보다 오른쪽에 놓이게 되면 몸이 옆으로 서지지 않아서 몸의 회전력을 실어줄 수 없다.
⑮ 상대의 타구	상대 라켓이 셔틀콕을 밑에서 타구하는 것을 보고 셔틀콕이 뜰 것을 예상하고 스매시를 준비해야 한다.
⑯ 상·하체	하체에는 힘을 주고 지면과의 반발력을 생성하는 한편 상체는 힘을 빼주어 하체의 힘이 자연스럽게 전달되도록 한다. 공중에서 회전이 일어나는 것이 아니라, 발이 지면과 떨어지면서 바로 몸의 회전이 시작될 수 있도록 한다.

임팩트

Impact

정면	측면

---

❶ 그립 ┊ 그립을 길게 잡고 회전력이 최대한 커지도록 한다.

---

❷ 라켓 ┊ 맞는 순간 원하는 위치와 라켓면의 각도가 직각이 되도록 타구한다.

---

❸ 타구 위치 ┊ 발바꾸기 스매시보다 더 앞에서 타구한다. 셔틀콕이 왼발보다
앞에서 타구가 이루어져야 힘이 실릴 수 있다.

---

❹ 가속

셔틀콕을 타구할 때 앞에서만 힘을 가속하기보다 뒤에서부터 힘을 받아 타구되는 대각선 지점까지 힘을 전달하여 준다.

❺ 목표지점

내가 셔틀콕을 치는 위치에 따라서 목표 지점을 다르게 한다. 네트와 가까운 앞에서 스트로크할수록 각을 많이 꺾을 수 있으므로 상대 코트 앞쪽을 목표로 치고, 뒤쪽에서 스트로크할 수록 상대 코트 뒤쪽을 목표지점으로 타구한다. 상대 팀이 완전히 준비하고 있을 때는 상대의 오른어깨를 노리고 스매시를 한다.

❻ 그립

후위 타법은 새끼손가락부터 힘을 주기 시작해 검지와 엄지까지 잡아준다. (참고: 전위 중위 타법은 검지 엄지부터 힘을 준다.) 마치 그립 밑부분으로 찍어주듯 타구한다.

❼ 왼팔

왼쪽 팔을 내 몸쪽으로 더 당겨주며 허리를 써 준다.

❽ 왼어깨

왼어깨가 내려가면서 쳐야 오른어깨가 올라갈 수 있다. 왼어깨는 위 아래로는 내려가지만 앞뒤로는 고정하여 지탱하는 느낌으로 스윙한다.

❾ 오른손목

그립을 잡으며 자연스럽게 눌러준다. 점프한 다음 끝까지 눌러준 후 떨어지도록 한다. 높은 위치에서 맞는 만큼 발바꾸기 스매시 때보다 더 각도를 꺾어줘도 좋다. 상황에 따라서 손목을 꺾는 각도를 조절하며 판단한다. 부채꼴을 그리는 연쇄 작용으로 어깨는 조금 이동하지만 팔꿈치는 어깨보다, 손목은 팔꿈치보다 더 많이 움직이며 손목이 최고 가속했을 때 타구한다.

⑩ 오른팔	오른어깨가 먼저 들어가고 팔이 펴지면서 연쇄적으로 가속한다. 몸이 회전하는데 팔은 뒤쪽으로 당겨지는 느낌이 나야 한다. 몸이 회전하는 동시에 팔과 어깨가 같이 끌려 나오면 연쇄작용으로 인한 힘을 받기 힘들다.
⑪ 오른손	오른손이 옆으로 돌아서 머리 뒤로 가기보다는 귀에 안경 걸치듯 직선으로 머리 뒤로 나가야 한다. 백스윙을 할 때는 손에 힘을 빼주고 있다가 가속할 때 힘을 주며 힘의 강약을 조절한다.
⑫ 오른어깨	오른어깨가 앞으로 가주며 어깨를 던져주듯이 힘을 빼고 타구한다. 어깨를 들어주어 아래로 찍어 준다. 어깨는 힘을 뺀 상태에서 방향 전환만 시켜주도록 한다.
⑬ 손목 튕기기	오른어깨를 뒤로 당긴 상태에서 라켓의 무게를 이용해 가동범위까지 손목을 뒤로 튕겨주듯 넘겨준다. 그래야 반작용에 의해서 순간적인 가속이 이루어져 힘이 폭발한다.
⑭ 오른 팔꿈치	팔꿈치가 나오는 과정에서 어깨선 앞에까지 나오면 손목에 힘을 줄 수 없다. 팔꿈치를 어깨선을 넘어서 나오지 못하도록 잡아주고 손목이 먼저 나가야 연쇄반응이 일어난다.
⑮ 가슴	가슴을 펴주면서 내밀어주어 연쇄적 반응이 극대화되도록 한다.
⑯ 복근	복근에 힘을 주며 비틀어 주어 오른쪽 골반에 있던 하체 힘을 상체로 전달한다. 왼쪽 복근을 당겨주며 배에 힘이 들어가게 한다.

⑰ 허리	허리를 단순히 비틀기만 하는 것이 아니라 비트는 동시에 앞으로 튕겨주도록 한다.
⑱ 골반	골반을 밀어주며 스윙한다. 엉덩이가 뒤로 빠져있으면 안 되고 골반을 먼저 밀어주어 앞으로 보내준 다음 상체 회전이 시작되도록 한다.
⑲ 허벅지	허벅지에 힘을 주며 점프한다. 하체의 파워가 허리, 배, 어깨로 전달되도록 한다.
⑳ 스텝	발바꾸기 스매시는 왼발 오른발을 밟아준 뒤 타구가 이루어지지만, 서전트 원점프 스매시는 오른발 왼발을 밟아준 뒤 타구가 이루어 진다. 마치 왼쪽 사이드 원점프를 뛰어주듯 스텝의 리듬을 가져간다.
㉑ 뛰는 방향	약간 앞으로 뛴다는 느낌으로 점프한다.
㉒ 몸통	몸을 왼쪽으로 살짝 기울여서 타점을 높여준다. 스윙으로 인해 몸이 앞으로 나와야 한다.
㉓ 발	다리를 펴주면서 오른발을 먼저 떼고 왼발로 같이 밀어준다. 무게중심이 오른발에 있어야 한다. 점프하고 오른발에 체중이 남지 않도록 한다. 참고로 배구에서는 왼발을 몸 안쪽으로 막아주듯이 최종 스텝을 밟은 후 스파이크를 한다. 이처럼 왼발을 꺾으며 점프하는 것도 하나의 방법이 될 수 있다.

㉔ 왼다리	왼발을 밀어주며 왼다리를 자연스럽게 접어준다.
㉕ 다리	점프할 때 다리를 힘없이 펴는 것이 아니라 다리 반동을 위해 차주는 힘을 이용해 타구해야 한다.
㉖ 연쇄 회전	왼발가락부터 시작되어 왼발목 - 다리 - 골반 - 허리 - 복근 - 어깨 - 손목의 연쇄 작용이 일어나도록 한다. 왼발 새끼발가락 발끝에서부터 꺾어나간다는 말은 왼발 끝을 움켜쥐면서 꺾어준다는 소리이다. 점프한 다음에도 왼발을 축으로 버텨주며 스윙한다.
㉗ 타이밍	하이클리어보다 셔틀콕 하나 정도 타점이 낮기 때문에 하이클리어보다 더 기다려주는 시간이 필요하다. 몸이 올라갈 때부터 스윙이 시작되어야 타이밍이 맞는다. 타이밍이 안 맞을 경우 마음속으로 하나둘 세면서 타이밍을 맞춰 한 스윙으로 이루어질 수 있도록 한다.

사후동작

After

정면	측면

---

❶ 준비

양발로 뛰고 왼발로 착지 되어야 한다. 타구 후 왼발이 먼저 떨어지고 오른발이 나온 다음 양발로 준비 자세를 취해 준다.

---

❷ 드라이브 준비

상대가 수비할 때 최선은 드라이브를 통해서 공격권을 빼앗아 오는 것이다. 드라이브에 대비하기 위해서 더 낮은 자세로 빠르게 오는 드라이브에 대비한다.

---

❸ **라켓**		타구 이후에 어깨 힘을 빼고 바로 라켓을 올려 준비해야 한다.
❹ **발목**		발목으로 밀어주며 점프했으므로 발목이 젖혀져서 발등이 땅을 바라볼 수 있도록 한다.
❺ **발**		타구 후에 왼발로 먼저 착지한다. 착지를 발 앞꿈치로 해야 무릎 부상을 피할 수 있다.
❻ **손목**		타구 이후에 손목을 단지 앞으로 구부리는 것이 아니라 비틀어 주면서 허리 부분까지는 눌러주도록 한다.
❼ **이동**		타구 후 다음 셔틀콕을 준비하기 위해서 코트 중심까지 앞으로 들어간다.
❽ **다음 스윙 준비**		스매시가 늘어지지 않도록 하프 스매시를 쳐서 왼쪽에서 스매시를 하고 바로 오른쪽 드라이브를 준비해야 한다.
❾ **오른발**		왼발로 착지한 다음 스매시를 타구한 방향으로 오른발을 밟아준다. 대각으로 스매시했다면 대각 쪽으로 오른발을 향하게 스텝을 밟아야 상대가 대각 언더 클리어로 올려준 셔틀콕을 쫓아갈 수 있다.

Chapter 8

수비

상대방의 스매시를 받아내는 방어적인 스트로크이다. 스매시를 언더로 멀리 받아냄으로써 우리 팀의 준비 시간을 벌 수도 있고, 스매시를 드라이브나 커트 식으로 받아냄으로써 공격권을 다시 되찾아 올 수도 있다.

01 언더 리시브
Under Receive

상대방의 스매시를 언더와 같이 상대 코트 깊숙이 보내는 수비적인 스트로크이다. 안정적으로 수비할 필요가 있거나 우리 팀의 준비 시간이 필요한 경우에 언더 리시브로 받아준다. 단, 언더 리시브로만 계속 수비할 경우 공격권을 되찾아 오지는 못한다는 단점이 있다.

Level
★★☆☆☆

포핸드

백핸드

사전동작

Before

포핸드	백핸드

❶ 그립

그립은 백핸드로 잡는다. 대부분의 범위를 백핸드로 커버할 수 있고, 백핸드 그립에서 포핸드 그립으로 전환하는 것이 그 반대보다 빠르기 때문이다. 백핸드 그립이 익숙해지면 백핸드와 포핸드 쪽 셔틀콕 모두를 준비할 수 있도록 그립의 사이드 부분을 잡고 쳐주는 연습도 해봐야 한다. 위치한 곳이 코트의 가운데 부근이므로 긴 그립을 잡고 타구해야 멀리까지 보낼 수 있다.

❷	**앞뒤 거리**	상대가 네트와 가까운 쪽에서 타구하면 내가 뒤로 물러나서 수비하고 상대가 네트와 먼 쪽에서 타구하면 조금 더 전진해서 수비해야 편하게 수비할 수 있다.
❸	**대각선 위치 잡기**	나와 파트너는 양쪽으로 서서 수비해야 하며 상대를 꼭짓점으로 하는 이등변삼각형이 만들어지도록 대각선에 있는 사람이 약간 앞으로 전진하고 가운데 라인에 한 발 걸칠 정도로 더 붙어 주어야 한다. 만약 파트너가 오른쪽으로 오는 셔틀콕을 받기 힘들어 사이드 라인으로 더 붙어 준 경우 내가 더 가운데로 붙어 주어야 한다.
❹	**대각선 수비**	내가 수비가 약하고 상대가 나를 노리고 대각 스매시를 주는 경우에는 오히려 직선보다 약하게 오기 때문에 기회라고 생각하고 잘 틀어 준다. 상대가 대각선 위치에서 스매시를 칠 때 내가 오른쪽에 있을 때는 백핸드 방향으로 올 확률이 높기 때문에 백핸드 그립을 우선적으로 잡아주고, 왼쪽에 있을 경우에는 포핸드 방향으로 올 확률이 더 높기 때문에 포핸드 그립을 우선적으로 잡아야 한다.
❺	**라켓 헤드**	라켓 헤드는 상대를 향해 주고 내 코가 가려질 정도로 세운 위치에 놓아 준다. 오른쪽 수비가 약하면 라켓헤드를 오른쪽 허벅지 앞에 놓아야 포핸드로 전환이 용이하다.
❻	**정지**	움직이는 가운데에서는 수비하기 힘들다. 내가 언더 클리어를 하고 물러서는 과정에서 상대가 타구할 때는 멈춰선 상태로 받아주어야 한다.

❼ 눈높이   상체를 숙여서 셔틀콕이 타구되는 지점에 눈높이를 맞춰주면 더 쉽게 타구할 수 있다.

❽ 시선   상대의 라켓면의 방향을 봐주면서 셔틀콕이 날아올 궤적과 예상되는 타구 지점을 상상하며 준비한다. 상대방의 전위 위치도 확인하여 나의 타구 방향을 어디로 할 것인지 준비한다. 상대가 타구한 뒤에는 셔틀콕을 끝까지 봐준다.

❾ 우선순위   빠르기 순서로 스매시 드롭 하이클리어의 순서로 우선순위를 두고 준비한다.

❿ 다리   다리를 벌리고 자세를 낮춰 네트 밑으로 상대를 볼 수 있게 한다.

⓫ 팔꿈치   겨드랑이에서 팔을 떨어뜨리고 팔꿈치를 들어주어야 하고, 라켓헤드가 팔꿈치보다 떨어져 있도록 준비자세를 취해준다.

⓬ 오른쪽 수비   오른쪽으로 깊게 스매시가 온 경우에 오른발을 약간 뒤로 빼주며 공간을 만들어 준다면 오른쪽으로 오는 셔틀콕을 더 쉽게 받아줄 수 있다. 오른쪽 위로 오는 셔틀콕은 백을 잡은 상태에서 시계방향으로 회전시켜서 타구한다. 기본적으로 왼쪽에 체중을 실어 놓고 오른쪽으로 스매시가 오면 체중을 오른쪽으로 하체를 중심이동해 주며 무릎을 써서 눌러준다는 느낌으로 타구한다.

⑬ **발** | 기본적으로는 오른발이 왼발보다 반 족장(발 크기의 절반) 정도 앞서도록 위치한다. 실짝 뒤꿈치를 뗀 상태로 앞으로 체중을 실어 준비하고 언제든 네트 앞의 드롭에 대처할 수 있게 준비해 준다.

⑭ **상체** | 상체를 앞으로 숙이고 배와 복근에 힘을 준 상태에서 가슴 앞의 공간을 만들어 준다. 그리고 스매시를 치는 상대방을 바라봐 주는 것이 좋다. 왜냐하면 기본적으로 정면으로 오는 셔틀콕을 받아넘기는 것이 쉽기 때문이다.

⑮ **하체** | 상대가 스매시를 하는 타이밍에 맞추어 한 번 몸 전체로 눌러주는 스텝을 밟아준 뒤 박자를 맞춰 타구한다. 기본적으로 왼쪽 다리에 체중을 둔 상태로 준비해 왼쪽으로 기대어서 수비하면 더 안정적으로 수비할 수 있다.

⑯ **오른팔** | 오른팔은 앞으로 내밀어서 가슴 앞에서 타구할 공간을 만들어 준다.

⑰ **왼팔** | 왼팔을 꼬리처럼 들어주어 균형을 잡아준다.

⑱ **선구** | 셔틀콕이 네트를 넘어오기 전에 좌우 상하 어디로 날아오는지 여부를 판단해야 한다. 어깨 위로 강하게 오는 셔틀콕은 아웃인 경우가 많으므로 받지 않도록 한다.

⑲ **엉덩이** | 자세를 낮추는 과정에서 앞으로 숙이는 것이지 엉덩이를 뒤로 빼거나 내리면 안 된다.

임팩트

Impact

포핸드

백핸드

❶ **시선** : 셔틀콕을 끝까지 보고 셔틀콕을 둘러싼 검은 테이프 부위를 친다. 특히 오른쪽으로 받을 때 셔틀콕을 더 집중해서 봐야 한다.

❷ **라켓** : 맞는 순간은 라켓의 진행 방향이 지면과 평행이 되도록 한다.

❸ **힘** : 내 손목과 상대의 힘 반씩 이용하여 순간적으로 받아 친다.

④ 손목 　 어깨 힘은 빼고 나이키를 그려주듯이 손목으로 쳐준다. 손목 스
　　　　　　 냅의 타이밍이 안 맞는 경우, 마치 낚시를 하듯이 셔틀콕을 잡아
　　　　　　 당겨 잡아 치는 느낌으로 해본다. 손목으로 타구해야 하며 팔로
　　　　　　 치게 되면 팔꿈치부상이 생길 수 있다.

⑤ 그립 　 손목을 써주면서 손가락의 힘으로 잡아준다.

⑥ 오른어깨 　 어깨에 힘이 들어가지 않도록 어깨를 내린 상태에서 타구한다.

⑦ 팔꿈치 　 팔꿈치부터 스윙이 시작된다는 느낌으로 스윙해야 한다.

⑧ 왼손 　 왼손을 들어주어 마치 꼬리처럼 균형을 잡아주어야 한다.

⑨ 왼어깨 　 수비할 때는 왼쪽 어깨쪽으로 기댄다는 느낌으로 타구가 이루어
　　　　　　 져야 안정감이 더 생긴다.

⑩ 왼발 　 왼발로 밀어주어 자연스럽게 오른발이 나가면서 체중 이동으로
　　　　　　 타구한다. 왼쪽으로 너무 깊숙이 공격이 들어오면 왼발이 한 발
　　　　　　 가주면서 타구되어야 한다.

⑪ 오른발 　 타구마다 오른발을 셔틀콕이 오는 방향으로 조금 내밀어 주어야 갑
　　　　　　 작스럽게 네트 앞으로 오는 드롭 상황에서 발이 떨어져 대응할 수
　　　　　　 있다. 수비를 하다가 드롭을 받기 위해서 네트에 붙어야 하는 경우
　　　　　　 에 오른발 스텝부터 나가는 것이 아니라 왼발부터 한 발 내딛고 오
　　　　　　 른발을 디뎌 주어야 멀리까지 닿을 수 있다.

⑫ **타구 위치**

가슴 앞으로 마중나가며 타구해야 한다. 너무 빠르거나 늦은 경우는 몸과 같은 라인이나 더 뒤에서도 칠 수 있겠지만 힘을 싣기 힘들기 때문에 되도록 몸보다 앞선 라인에서 타구한다. 밀려서 몸보다 더 뒤에서 수비해야 하는 경우 방향을 틀어 커트성으로 쳐준다.

⑬ **상체**

상체를 앞으로 기울여 몸과 라켓 사이의 공간을 만들고 라켓을 테이크백하여 타구할 수 있는 공간을 확보한다. 상대가 낮은 타점에서 스매시할 경우 자세를 높이고 높은 타점에서 스매시할 경우 자세를 낮추어 마치 시소처럼 상체 높이를 조절하며 받아준다. 되도록 상체가 흔들리지 않고 안정적으로 유지해야 한다.

⑭ **목표 지점**

네트의 백테를 목표 지점으로 삼아 되도록 네트에 깔려서 셔틀콕이 가서 상대의 전위가 앞에서 잡기 어렵게 해준다. 되도록 전위가 앞에서 잡더라도 백핸드로 칠 수밖에 없는 코스로 쳐준다. 직선으로 상대가 공격해 올 때는 방향을 많이 틀어서 사이드 라인 쪽을 노리고 전위가 칠 수 없도록 하고 대각선으로 공격해 올 때는 사이드를 노리면 각도가 너무 벌어져서 아웃이 되지 않도록 코트 가운데 방향 정도를 노리고 타구해야 한다.

Tips for You 🏸 예상이 빗나가는 경우

스매시가 올 거라 예상하고 수비 준비를 하다가 갑자기 드롭이 들어와서 포인트를 잃는 경우가 있다. 이때는 언더 클리어를 할 수 있는 충분한 시간이 없기 때문에 라켓을 최대한 낮춘 상태에서 바닥에 붙을 정도로 낮게 이동해 주어 셔틀콕에 접근한 다음 뒤로 라켓을 빼지 않고 손목으로만 끊어서 쳐 주어야 한다.

사후동작

After

포핸드	백핸드

---

❶ 상체   수비 타구 후에 상체를 들어주면 상체가 움직이는 상태에서 다시 수비를 받아 정타로 이루어지지 않을 수 있다. 수비과정에서 상체나 하체가 너무 꿀렁꿀렁 움직이지 않도록 해야 한다.

---

❷ 시선   타구 후 바로 고개를 들어 상대의 위치와 다음에 올 셔틀콕을 파악한다.

---

❸ 준비

타구 후에 바로 다시 자세를 낮추고 팔을 앞으로 빼서 준비한다. 특히 오른쪽 수비를 한 다음 바로 준비해서 라켓을 세우고 펴진 팔을 다시 당겨 왼쪽도 받을 준비를 해야 한다. 마치 타구 후에 준비하는 것이 아니라 타구 중에 준비한다는 느낌으로 준비한다. 한번 수비한 다음 다시 라켓을 원위치로 회수하고 상대를 봐야 한다. 몸이 다시 정면을 봐야 두 번째 오는 상대 스매시도 수비할 수 있다. 오른발이 나가면서 타구해야 드롭이나 다음 수비 준비를 하기 편하다.

❹ 라켓 헤드

한 번 언더 리시브를 했을 때 셔틀콕을 상대방 코트의 엔드라인까지 잘 보냈으면 처음 준비했을 때처럼 코높이까지 라켓헤드를 들어주고 짧게 수비 타구가 이루어졌을 경우에는 오른허벅지 앞에까지만이라도 라켓헤드를 올려 준비해 준다.

❺ 오른발

오른발이 나가면서 타구해 줬을 경우 다시 오른발이 원위치로 돌아오도록 해준다.

Tips for You ✕ 수비 구역 나누어 연습하기

리시브 연습 시 위, 아래 여부와 왼쪽, 중앙, 오른쪽에 따라 여섯 군데로 나누어 연습하여 내가 가장 취약한 부분을 알고 연습해야 한다. 실제 경기에서도 상대의 수비 부분을 여섯 구역으로 나누어 공략해서 상대가 어떤 부분으로 오는 셔틀콕을 힘들어하는지 확인해 본다.

02 드라이브 리시브
Drive Receive

상대방의 스매시를 드라이브로 빠르게 받아주는 수비 스트로크이다. 드라이브 리시브를 통해서 상대방으로 하여금 드라이브를 치게 만들어 드라이브 싸움의 국면으로 전환시키거나 상대방 전위를 피해 드라이브 리시브하여 상대방 후위가 수비적으로 스트로크 하도록 만들어 공격권을 우리팀으로 되찾아 올 수 있다.

Level
★★☆☆☆

포핸드

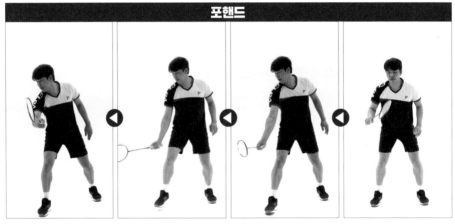

백핸드

❶ 시선

상대 전위가 푸시를 치지 못하도록 네트에서 뜨지 않도록 네트 백테를 노리고 쳐준다.

❷ 드라이브 방향

드라이브 리시브 시 제일 중요한 것은 상대방 앞의 전위에 잡히지 않게 쳐주는 것이다. 전위의 위치를 미리 파악해서 전위가 없는 방향으로 쳐준다. 하지만 리시브 하기 급한 경우 스매시가 온 방향으로 안정적으로 받아쳐 주어야 한다.

❸ 방향 전환

드라이브 리시브를 한 뒤 계속 같은 방향으로만 드라이브를 걸기보다는 한두 번 같은 방향으로 보내주어 상대 전위를 한쪽으로 몬 다음에 대각으로 방향을 틀어 상대의 빈 공간을 공략하는 것이 효과적이다. 방향 전환한 다음 우리 편의 공격권을 가져오기 위해 틀어준 쪽으로 들어가 위치해 준다.

❹ 그립 전환

드라이브 리시브 중에 오른어깨로 셔틀콕이 날아오는 경우 포핸드 그립으로 전환해 리시브를 해야 한다. 이때는 오른 팔꿈치를 몸통에 붙여서 지지대 역할을 할 수 있도록 한다.

03 커트 리시브
Cut Receive

QRCODE

상대방의 스매시를 커트로 받아주는 수비 스트로크이다. 상대의 빠른 스매시를 받아주어 네트 앞에 떨어뜨려 상대의 공격 템포를 늦추도록 하거나 상대로 하여금 언더 클리어를 스트로크 하도록 만들어 공격권을 우리 팀으로 되찾아 올 수 있다.

── Level ──
★★☆☆☆

포핸드

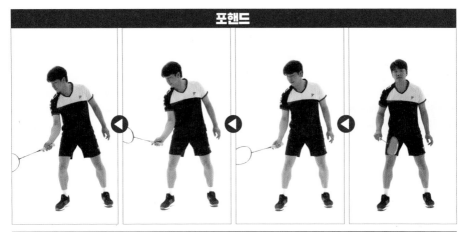

백핸드

❶	**대각 커트 리시브**	크로스 헤어핀처럼 내 몸 안쪽에서 셔틀콕 옆의 깃털을 쳐주도록 한다.
❷	**오른쪽 깊숙이 온 경우**	상대가 오른쪽 어깨를 노리고 스매시를 쳤을 경우 오른 어깨를 뒤로 빼주면서 공간을 만들어 포핸드로 대각 커트로 리시브해 주도록 한다.
❸	**위치이동**	수비를 커트성으로 하면 커트한 방향으로 내가 들어가야 한다.
❹	**몸의 힘**	커트 시에는 몸에 힘을 최대한 빼고 상대방의 스매시의 힘을 마치 커튼처럼 부드럽게 흡수해 넘길 수 있도록 한다.
❺	**손목**	라켓을 그냥 갖다 대는 것이 아니라 손목을 쓰면서 타구해야 한다.

Chapter 9

배드민턴 전략

상대로부터 찾아내야 할 것

▶ 상대방에 대한 전략이라 함은 경기 상황에서 나타나는 상대의 기술적인 면을 살펴보는 것이다.

❶ 라켓 확인

상대방의 라켓이 하늘을 보고 있으면 플랫한 구질(무회전)이, 세워져 있으면 슬라이스의 구질(스핀이 들어간 구질)이 올 가능성이 많다.

❷ 자세

상대방의 스탠스가 앞뒤면 양옆을 공략하고, 스탠스가 좌우면 앞뒤를 공략한다. 스탠스가 앞뒤로 되어있으면 앞뒤로 움직이기 좋고, 좌우면 좌우로 움직이기 쉬운 것을 역으로 공략하는 것이다.

❸ 시선

상대의 시선이 코트의 양 옆을 보면 상대는 양 옆을 공략할 가능성이 높다.

❹ 파워

파워가 강한 상대인지 분석하여 상대방의 스매시나 드라이브에 대한 수비 전략을 세운다. 상대 파워가 강한 경우 드라이브를 수비할 때 코트를 벗어나는 아웃에 유의하고, 스매시의 수비에서 손목의 힘조절에 유의해야 한다. 상대방의 파워가 약한 경우 약간 전진한 상태에서 스매시를 수비하고 상대의 헤어핀이나 드롭에 유의해야 한다.

❺ 풋워크

상대방의 풋워크가 빠르게 이루어지는지 분석한다. 사람마다 전진방향, 좌우방향, 후진방향으로의 풋워크 속도가 다르기 때문에 약점을 공략하는 것이 중요하다.

❻ 기술

상대방이 공격성향이 강한 기술을 구사하는지, 수비성향의 기술을 자주 구사하는지 살피고 이에 따른 전략을 세운다. 자주 구사하는 기술을 사용하기 어려운 방향으로 게임을 풀어나가는 것이 좋다. 예시로 상대방이 공격성향이 강하다면 공격하지 못하도록 셔틀콕을 최대한 띄우지 않는 것이 중요하다. 반대로 수비성향이 강한 상대방이라면 오히려 공격을 유도하는 방향으로 게임을 풀어나가는 것이 중요하다.

❼ 체격 조건

상대의 신장이 크다면 예상치 못한 타이밍에서 스매시나 푸시를 당할 수 있다. 그래서 항상 수비할 수 있는 준비를 해야 한다. 상대의 신장이 작다면 다소 인터벌이 있는 게임이 진행될 수 있다. 그렇다고 하여 루즈한 게임이 진행되는 것은 결코 아니기에 지속적인 집중력과 체력이 필요하다.

❽ 자세

상대의 자세에 따라 나의 라켓 헤드의 위치가 바뀌어야 한다. 상대가 허리보다 낮은 곳에서 타구하려고 할 때에는 내가 라켓을 들고 푸시나 드라이브로 공격해야 하고 상대가 허리보다 높은 곳에서 타구하려고 하면 수비적으로 라켓을 낮춰서 대응해야 한다. 재빠른 수비와 공격 자세 전환을 위해 라켓 그립을 백핸드와 포핸드로 자유자재로 변환할 수 있는 연습과 항상 상대 타구에 맞춰 스텝을 밟는 연습이 필요하다. 수비 시에는 타구마다 라켓을 매번 올릴 필요 없이 계속 수비자세로 있다가 상대가 아래쪽에서 공을 잡으면 그때 공격적으로 라켓을 들어준다.

단식전략

❶ 지각

- 좌우나 뒤로 벗어나는 셔틀콕을 잘 봐야 한다.
- 셔틀콕을 타구할 때 빼고는 항상 상대의 위치를 본다.
  (기술이 향상되면 타구 시에 초점은 셔틀콕을, 주변시점으로는 상대의 위치를 볼 수 있다.)

❷ 인지

- 상대방의 타구하는 자세를 예상하며 플레이 한다.
- 헤어핀을 놓은 뒤에도 복식과 다르게 뒤로 빠질 준비도 해야 한다.
- 서비스 등의 실수를 하지 않는 것이 중요하다.
- 몸이 앞으로 갈 수 있을 때만 강하게 스매시한다.
- 힘들 때일수록 하이클리어로 시간을 벌어준다.
- 뒤로 오면 대각방향으로 드라이브나 드롭을 구사할 수 있다.
- 상대방으로부터 스매시가 오면 띄워주기보다는 커트로 받아치는 게 좋다.
- 서비스가 뒤로 올 때 무조건 스매시를 하는 것은 위험하다.
- 너무 백핸드 쪽으로 오면 백핸드 클리어 내지 백핸드 드롭을 구사할 수 있다. 라운더 헤드로 처리하기 어려운 셔틀콕은 백핸드 클리어 내지 백핸드 드롭을 구사할 수 있다.
- 드롭은 되도록 대각드롭으로 한다.
- 수비할 때 셔틀콕을 앞에 떨구기도 하고 뒤로 밀기도 하는 선택지가 있어야 한다.

❸ 동작

- 너무 네트 가까이에 몸이 들어가지 않도록 하는 게 좋다.
- 라켓을 최대한 잡아 놓고 다양한 타구로 상대가 예측을 하지 못하게 하도

록 한다.

- 셔틀콕이 우리 진영에 높이 뜨면 70~80%는 반스매시나 스매시로 공격해 주도록 한다.
- 스매시는 앞에서 커트한다.
- 스매시와 드롭의 타구를 비슷하게 만든다.
- 단식은 일반적으로 체력전이기에 점프는 되도록 삼간다.
- 처음 서비스 리턴은 가볍게 스매시로 쳐줘 본다.
- 뒷 사각형의 가운데에서 준비 자세를 취하고 타구 후에도 이 곳으로 돌아온다.(복식의 경우보다 뒤쪽.)
- 하이클리어를 더 강하게 해줘야 한다.
- 뒤로 나가는 스텝을 자주 해줘야 되기 때문에 되도록 왼발을 앞에 놓는 스탠스로 서준다.
- 헤어핀에 스핀을 걸어줘야 높게 뜨지 않는다.
- 왼쪽 깊게 오는 롱서비스를 해줘야 상대방이 리턴하기 어렵다.
- 대각 스매시, 대각 드롭을 많이 할 수 있도록 한다.
- 앞에 헤어핀이나 드롭을 놓고, 이후에 가운데로 셔틀콕이 뜨면 양쪽 대각선에 스매시를 한다.
- 리턴이 앞에 오면 앞에 다시 놓아준다.
- 뒤로 가서 시간 있으면 드라이브를 구사 해본다.
- 커트하면서 틀어 줄 수 있도록 한다.
- 서비스는 서비스라인 50cm 뒤에서 주고 받는다.
- 드롭을 자주 해준다. 복식과 다르게 앞쪽에 상대가 없는 경우가 많아서 날카롭게 푸시로 반격하지 못하기 때문이다.

복식전략

❶ 전위 플레이

- 상대가 라켓을 들고 있는 쪽의 반대 공간으로 셔틀콕을 준 다음 리시브를 반대 구역으로 주면 상대방 진영에 빈 공간이 생길 수 있다.
- 두 세번의 푸시 또는 드라이브 등의 강한 타구 이후에는 살짝 놓아주는 것도 좋다.
- 앞에서 살짝 놓는 플레이를 하다가 실수로 애매하게 띄우게 되면 바로 뒤로 빠져주면서 내 쪽과 뒤의 양쪽 모든 셔틀콕을 잡아줄 준비를 해야 한다.
- 드라이브 치면서 조금씩 앞으로 들어가면 푸시 등으로 득점할 수 있는 확률이 높아진다.
- 리시브를 상대 네트 가까이에 놓고 앞으로 나올 때는 가운데 지점을 찍고 온다고 생각해야 한다. 상대는 내가 없는 방향으로 셔틀콕을 놓을 가능성이 높기 때문이다.
- 상대가 롱서비스에 스매시로 대응을 하는 편이라면 롱서비스를 드물게 하는 것이 좋다.
- 상대가 롱서비스에 하이클리어로 대응을 하는 편이라면 롱서비스를 자주 하는 것이 좋다.
- 상대가 롱서비스를 자주 넣는다면 스매시나 드롭의 준비를 하되 리시브 위치는 되도록 바꾸지 않도록 한다.
- 상대의 헤어핀 실력이 뛰어나다면 크로스 헤어핀으로 대응하는 것이 좋다.
- 앞에서 최대한 셔틀콕을 잡아주면 좋다.

❷ 후위 플레이

- 스매시나 드라이브와 같은 빠른 스트로크를 해 주었을 경우 타구 후 전위 플레이어에 1미터 정도로 많이 붙어 주어야 하고, 드롭 처럼 느린 스트로크를 한 경우 언더 클리어에 밀릴 것을 대비해 전위 플레이어로부터 멀리 뒤에 위치해 주면 좋다.
- 가운데로 스매시를 타구하면 상대 팀원들이 리시브할 때 역할의 혼란을 줄 수 있다.
- 상대가 왼손잡이라면 스매시를 왼쪽으로 해야 상대가 수비하기 힘들고, 클리어의 경우에는 오른쪽으로 해야 상대가 백핸드 방향이라 좋다.
- 뒷 사람도 항상 전위와 함께 움직여 줘야 전위가 놓치는 셔틀콕까지 커버할 수 있다.
- 강하게 타구하는 것보다 중요한 것은 각도를 예리하게 타구하는 것이다.
- 스매시, 드롭, 하이클리어를 다양하게 하되 비슷한 폼이 나타나도록 연습한다.
- 공격(스매시나 푸시)할 때는 네트에 더 가까이에서 실행한다.
- 백핸드로 클리어 하는 만큼보다는 라운더 헤드 스트로크로 빨리 도는 것도 연습해야 한다.

❸ 팀원간의 협응

- 상대가 드라이브로 서비스를 리턴하면 서비스한 사람은 앞에 들어가 줘야 뒷사람이 날아오는 셔틀콕을 잘 보고 받을 수 있다.
- 초반에 몸이 안풀렸다고 생각되면 상대가 실수하게끔 셔틀콕을 띄워 준다.
- 상대의 약점을 3점 내로 바로 파악해야 한다.
- 티 색깔을 맞춰입어야 상대 팀이 목표로 하는 선수를 탐색하기 힘들게 할 수 있다.
- 상대 팀원이 서비스를 받을 때 공격적인지 수비적인지 파악하는 것이 중요하다. 공격적인 푸시를 많이 한다면 롱서비스를 하거나 상대의 리시브 이후에 셔틀콕을 푸시를 구사한 선수로부터 멀리 또는 대각으로 보낼 수 있도록 한다.
- 진영은 편한 위치에서 먼저 할 수 있도록 해야 코트 체인지를 하기 전에 선취점을 얻기 쉽다.
- 언제든 역전의 상황이 생길 수 있기 때문에 자신감을 가지고, 포기하지 않거나, 방심하지 않도록 한다.
- 팀원에게는 서로 격려와 칭찬의 말을 한다.
- 다양한 타입의 상대와 겨루는 게임에서 가장 중요한 기술은 사고의 순발력이기도 하다.

❹ 개인의 태도

- 시작 전에 항상 몸과 라켓을 흔들고 있어야 몸과 라켓 그립이 익숙해질 수 있다.
- 상대 팀원의 라켓을 들고 있는 팔을 파악하여 팔의 반대방향 쪽을 공략한다.
- 경기 중에는 최대한 코트 안에 있는 것에만 집중한다.
- 셔틀콕을 최대한 상대방의 진영에 띄워 주지 말고 가라앉혀서 주는 편이 좋다.
- 어떻게 처리할지 생각하는 것에 익숙해 지고 그것을 조건반사에 가깝게 만들도록 많은 연습을 해야 한다.
- 셔틀콕을 같은 방향으로만 줄 때 상대가 잘 받는다면 방향을 바꿔줄 필요가 있다. 두 번을 같은 쪽으로 주었을 때 잘 받는다면 다음 셔틀콕은 대각으로 방향을 틀어서 상대의 흐름을 깰 필요가 있다.

04

혼합복식전략

▶ 여성이 숏서비스를 넣으면 처음 서비스 받을 때는 상대 팀원의 중간쯤으로 떨궈 주거나 남성이 있는 쪽 뒤로 드라이브를 넣어 줄 수 있다. 남성이 숏 서비스를 넣으면 대각 크로스 헤어핀을 넣어 본다. 여성이 전위로 서고자 할 때는 클리어보다는 드롭을 치고 앞으로 들어가야 한다. 혼복을 할 경우 여성이 앞으로 들어가는 상황을 만들어 주어야 한다. 서비스에서 리시브 상황 일 때는 남복을 할 때보다 뒤에서 준비한다. 크로스 스매시나 드라이 브, 드롭을 많이 구사하면 좋다.

여유있게 플레이 하는 법

❶ 시각

- 상대와 상대의 라켓면을 잘 본다.
- 셔틀콕을 끝까지 보고 네트는 머리에 그려 놓아야 한다.
- 상대를 잘 보고 수비를 할지 공격을 할지 판단을 빠르게 한다.
- 셔틀콕을 치면서 원하는 방향으로 보내면서 게임을 만들어 가야 한다.
- 고개를 들고 시야확보를 해줘야 당황하지 않는다.
- 셔틀콕을 받기 전에 미리 상대와 같은 팀원의 위치를 보고 알맞은 공간에 주어야 한다.
- 짧은 시간 가능한 많은 공간을 찾아내는 능력을 키운다.
- 셔틀콕을 쫓아 다니면 안 되고 상대를 봐야 한다..
- 상대가 셔틀콕을 띄우는지 공격을 하는지 놓는지를 본다.
- 쉽게 받아야 넓은 공간이 보인다.

❷ 자세 및 스트로크

- 몸에 힘을 빼고 동작을 자연스럽게 한다.
- 준비 자세를 빨리 취한다.
- 상대가 언더 클리어를 했을 때 미리 팔을 준비해 놓아야 한다.
- 자세를 낮춰야 여유가 생긴다.
- 셔틀을 길게 멀리 보낼수록 여유가 생기고 생각할 기회가 늘어난다.
- 기다렸다 (잡아 두었다가) 치기도 할 줄 알아야 한다.
  (상대방의 반응 속도를 늦출 수 있으나, 셔틀콕을 부드럽게 라켓 위에 올려 놓았다가 보내는 것은 반칙이므로 주의 해야 한다.)
- 전위에서 항상 라켓을 들고 있어야 여유가 생긴다.
- 상체의 균형을 잘 잡아줘야 한다.

- 스매시-드롭-클리어의 순으로 대비하고, 스매시는 직선-대각의 순으로 대비한다.
- 상대가 선호하는 플레이를 확인해서 대비한다.

❸ 마인드

- 셔틀콕은 속도가 급감하므로 여유를 가지고 받으면 다 받을 수 있다고 생각해야 한다.
- 크게 심호흡 하고 사소한 실수는 잊어버려야 한다.
- 내 플레이에 집중해야 하고 이기려고 하지 말고 한 타 한 타 셔틀콕을 만들어 간다고 생각하면 좋다. 무엇보다 중요한 것은 게임을 즐기는 것이다.
- 여유를 가지고 정확하게 타점을 친다고 생각해야 한다.
- 플레이가 앞으로 어떻게 될지 상대들과 우리 선수를 보고 예측한다..
- 마치 서비스 리시브를 리턴하는 것처럼 모든 스트로크에 집중한다.
- 실수를 줄인다고 생각해야 한다.
- 내가 쉽게 받고 상대는 어렵게 받는 상황을 만들어 내야 한다.

▶ 시합 때 유독 긴장이 더 되는 경우가 있다. 그럴 때는 미리 그 시합 전에 상대 선수와의 경기를 예상해 보며 가상 시뮬레이션을 해보는 것이 좋다. 이 것을 이미지 트레이닝(심상)이라고 하는데 이것은 일반적인 트레이닝 상황에서도 신체적 트레이닝과의 비율을 3:1로 설정하는 것이 효과적이며, 부상을 당하거나 연습을 할 수 없을 때에 효과적이다. 이미지 트레이닝을 할 때에는 실제로 운동을 할 때에 발현되는 뇌신경이 활성화되어 그 효과가 우수하고, 이를 자화self talking와 함께 사용하여 심리적으로 안정감까지 줄 수 있다. 자화는 자신이 필요로 하는 단서 2가지 정도를 긍정적인 단어로 선택하여 경기 중에 스스로 되뇌이는 방법이다.

셔틀콕을 칠 수 있는 각도를 넓힌다고 생각하며, 자세가 무너지지 않도록 끝까지 집중한다.

자신이 타구한 셔틀콕의 궤적을 보는 게 아니라 타구 후 상대방의 위치와 상대방의 타구 자세를 봐줘야 한다. 이는 한두 가지의 단서에 집중하는 훈련으로 배드민턴 경기를 잘 이끌어나가는 멘탈을 만드는 데 효과적이다.

Chapter 10

대회 준비

01 / 대회종류 및 신청방법

❶ 규모에 따른 분류

- 시/군/구 대회

- 광역시/도 대회

- 전국 대회

- 국제 대회

❷ 성별에 따른 분류

- 남자복식

- 여자복식

- 혼합복식

❸ 급수와 연령에 따른 분류

- 자강조(은퇴한 선수)

- A조 > B조 > C조 > D조 > 초심자(E조)

- 10대, 20대, 30대, 40대, 50대, 60대, 70대 등.

----

❹ 신청방법

국내 배드민턴 대회 http://www.badmintongame.co.kr/game/game.
html 이나 각 클럽에서 수합하여 온라인 신청을 주로 하게 된다.

대회 당일 준비물

❶ 용품

- 주라켓과 보조라켓(총 2자루 이상) : 라켓줄이 끊어지거나 라켓이 부서지는 경우를 대비한다.
- 난타용 셔틀콕과 대회에서 사용하게 되는 셔틀콕
- 연습 때 가장 자주 입었던 반바지 및 반팔 티셔츠
- 발목, 무릎, 손목, 팔꿈치 보호대
- 신발 바닥 닦는 수건

❷ 식품

- 차가운 물 한병, 이온음료 한병
- 바나나, 초콜릿바 등의 간단한 간식
- 마그네슘, 크레아틴인산 등의 보충제

❸ 비상약

- 스프레이 파스
- 소화제, 지사제
- 두통약
- 손가락 밴드

03 / 대회 당일 확인할 것

❶ 코트 상태

불빛이 어느 쪽이 더 센지 확인한다. 불빛으로 인한 방해를 받지 않는 쪽을 먼저 선택해서 선취점을 많이 얻는 방법이 더 쉽게 긴장을 풀 수 있다. 먼저 대회가 치러지는 1층으로 내려가서 눈을 적응시키고 천장을 보는 스트로크를 최대한 연습해 줄 필요가 있다.

❷ 셔틀콕 상태

셔틀콕이 많이 나가는지 잘 나가지 않는 편인지 확인한다. 앞에서 하는 사람들의 게임에서 아웃이 많이 나오는지 체크한다. 또 파트너와 몸을 푸는 과정에서 파트너에게 드롭을 부탁하고 내가 언더 클리어를 올리면서 아웃되는지 짧은지 확인하여 셔틀콕이 잘나가는 셔틀콕인지 잘 안나가는 셔틀콕인지 확인한다.

❸ 상대방 각각의 플레이스타일 파악

5점 내로 스매시를 주로 치는 스타일인지 드롭을 주로 치는 스타일인지 파악한다. 후위 플레이가 강한 상대인지 전위 플레이가 강한 상대인지 확인하고 상대의 약점을 공략하는 플레이를 하도록 셔틀콕을 반대로 주는 것이 좋다.

❹ 약한 상대를 확인하고 약한쪽을 공략

전반적으로 두 명 중에서 더 약한 한쪽이 있을 수 있다. 그쪽 상대가 계속 스트로크 하도록 하면서 실수를 유도하는 것이 효과적이다.

❺ 비난하는 말을 절대 하지 않기

파트너에게 비난하는 말을 하게 되면 파트너가 몸이 굳게 된다. 파트너에게 비난하는 말을 하기보다는 잘한 것을 칭찬해 주는 것이 효과적이다.

❻ 긴장 풀기

게임을 할 때 긴장하여 제 실력을 발휘하지 못하는 경우가 많다. 마치 긴장을 하지 않은 것처럼 행동하면서 화이팅 소리를 질러주면 더 긴장이 빨리 풀리게 된다. 상대를 항상 자기보다 하수라고 생각하고 상대적으로 더 약한 상대와 친다고 이미지트레이닝을 하며 두려움과 긴장을 풀어준다.

❼ 이미지 트레이닝

경기하시는 분들 뒤에 가서 같이 치는 것처럼 이미지트레이닝 하면서 상대의 스매시와 드라이브, 드롭 등의 속도를 빨리 적응할 수 있도록 한다.

04 / 파트너와의 호흡

❶ 파트너에게 부탁할 것

- 파트너가 왼손잡이인지 확인하고, 상대 팀 중에 왼손잡이가 있는지 함께 인지하기
- 서로 '탓 하지말자, 괜찮아 화이팅!' 해 주기
- 분위기 따라서 그 어떤 점수도 뒤집을 수 있다고 확신하기
- 같이 긍정적인 이야기 많이 하기
- 스매시 할 때 가운데로 목표하기
- 전위에서 대각 봐주기
- 팀원이 서비스 앞에 놓을 때 뒤에서 스매시 및 드라이브하기
- 상대가 서비스 어떻게 받는지, 드라이브인지, 띄우는지, 놓는지 함께 분석하기
- 3점 내로 롱 서비스 넣어보기

❷ 파트너에게 콜해 줄 것

- 아웃이나 인이 확실하다고 느껴질 때는 콜해 주기
- 우리팀이 드라이브 치며 들어갈 때 뒤로 나와주기
- 상대가 앞에 드롭 놓을 때 앞에 가주기
- 파트너가 하이클리어 치면 중앙 양쪽으로 퍼져주기
- 상대의 롱서비스에 언제든 반응할 수 있는 스탠스 및 자세 취하기

배드민턴 10계명

① 상대 라켓면과 셔틀콕을 미리 보면서 하나, 둘 타이밍 세주기!

---

② 빠른 반응을 위해 앞꿈치 위주로 스텝을 밟고 최고의 컨디션 일 때의 시청각, 촉각, 후각 떠올리기!

---

③ 셔틀콕이 본인의 뒤로 나가는 순간 라켓과 몸을 돌릴 수 있기!

---

④ 대각 하이클리어를 치면 가운데 양쪽 포지션으로 꼭 가주기!

---

⑤ 셔틀콕은 이마 앞에 놓고, 푸시할 때 셔틀콕 끝까지 봐주기!

---

⑥ 모든 스트로크는 호흡과 손목으로부터 시작!

---

⑦ 상대가 왼손잡이인지 확인!

---

⑧ 셔틀콕을 타구하는 위치를 상상하며 경기!

---

⑨ 타구 후 팔꿈치 떼서 라켓 올리기!

---

⑩ 스매시 치고 가운데로 포지션!

Chapter 11

트레이닝
프로그램

Training Program

	a.m. 7~8	a.m. 9~11
월	❶ 10m*3회의 왕복달리기 5회	❶ 클리어연습 　- 포핸드 하이클리어 　- 백핸드 하이클리어 ❷ 25점 복식경기 1회 / 21점 단식 경기 1회
화	❶ 서킷트레이닝 　- 콕집기 　- 사이드스텝 　- 크로스사이드스텝 　- 세단뛰기	❶ 헤어핀 : 무회전 헤어핀과 스핀 헤어핀 　드롭샷 : 양쪽 사이드 라인의 정확성 및 스피드 　드라이브 : 빠른 타점에서 오는 스피드 　커트 : 낮은 자세에서 상대방의 공격을 네트 양쪽 정확성 ❷ 25점 복식경기 1회 / 21점 단식 경기 1회
수	❶ 파트렉트레이닝 　- 산이나 높낮이가 있는 길을 조깅하기 　- 올라갈때는 달리고 내려갈때는 걷기	심리기술 훈련 프로그램
목	❶ 심폐체력트레이닝 　- 평평한 도로나 트렉 조깅하기 　　(체력수준에 따라 3km, 5km, 7km 조깅)	❶ 쇼트서브 　① 가까운 코스 정확성 ② 상대편 몸에 붙이는 정확성 　③ 사이드 먼 코스의 정확성 　롱서브 : 복식 롱서브 라인의 정확성 ❷ 25점 복식경기 1회 / 21점 단식 경기 1회
금	❶ 서킷트레이닝 　- 콕집기 　- 사이드스텝 　- 크로스사이드스텝 　- 세단뛰기	심리기술 훈련 프로그램
토	❶ 파트렉트레이닝 　- 산이나 높낮이가 있는 길을 조깅하기 　　(올라갈때는 달리고 내려갈때는 걷기)	❶ 점프스매시 : 높은 점프로의 사이드 정확성 　백핸드스매시 : 사이드 정확성 ❷ 25점 복식경기 1회 / 21점 단식 경기 1회
일	휴식	심리기술 훈련 프로그램

*위 표에서 경기운영기술 부분의 (왼), (오) 표시는 왼쪽 구역과 오른쪽 구역을 뜻합니다.

1. 아래 표는 16주간의 중장기 트레이닝 프로그램이지만 1~2주의 단기적인 프로그램으로도 사용할 수 있습니다. 2. 서울대학교 트레이닝 실제 방법을 적용한 배드민턴 훈련 프로그램으로 트레이닝 원리와 운동학습-제어 원리를 반영하여 서동휘 박사가 직접 제작한 것입니다. 3. 근글리코겐의 초과회복(과잉보상 싸이클) 주기를 맞추기 위해 꼭 휴식 및 충분한 수면을 취해야 하며, 1.4g~2g/kg/day의 단백질과 2g~3g/kg/day의 탄수화물, 충분한 수분 등을 포함한 대사량을 보충해 주어야 합니다. 4. 경기 전 2~3일 정도는 다른것은 유지하되 탄수화물을 6g~9g/kg/day로 섭취하도록 합니다.(당뇨 등의 성인병 위험이 있는 분들은 주의 요함.)

p.m. 2~5

① 경기운영기술 : 푸시(오)-푸시(왼)-스매시(오)-스매시(왼)-드라이브(오)-드라이브(왼)-푸시(오)-스매시(왼)-푸시(왼)-스매시(오)
② 21점 단식 / 25점 혼복 / 25점 남복, 여복

휴식

---

① 경기운영기술 : 푸시(오)-푸시(왼)-클리어(오)-리시브(오)-클리어(왼)-리시브(왼)-푸시(오)-스매시(왼)-푸시(왼)-스매시(오)
② 21점 단식 / 25점 혼복 / 25점 남복, 여복

휴식

---

① 경기운영기술 : 헤어핀,푸시(오)-헤어핀,푸시(왼)-하이클리어(오)-스매시,드롭(왼)-헤어핀,푸시(왼)-헤어핀, 푸시(오)- 하이클리어(왼)-스매시,드롭(오)
② 21점 단식 / 25점 혼복 / 25점 남복, 여복

---

① 점프스매시 : 높은 점프로의 사이드 정확성
백핸드스매시 : 사이드 정확성
② 21점 단식 / 25점 혼복 / 25점 남복, 여복

휴식

p.m. 8~10

① 플라이오메트릭 훈련
 - 줄넘기 180bpm으로 200개씩 5세트 진행
② 무릎보강운동
 - 스쿼트를 본인 무게에 맞추어 20분 진행
③ 남복, 여복 25점 / 혼복 25점 진행

---

① 계단오르기(오를땐 뛰어서/내려올땐 걸어서)
 - 한쪽 발로만 뛰어오르기
 - 모둠발로 뛰어오르기.
 - 2칸씩, 3칸씩. 뛰어서 각각 50회
② 남복, 여복 25점 진행 / 혼복 25점 진

---

① 심폐체력 기르기 - 50m 수영 10회(40분)
② 무산소트레이닝(10분) - 50m 속영 2회
③ 무릎보강운동
 - 스쿼트를 본인 무게에 맞추어 20분 진행
④ 남복, 여복 25점 진행 / 혼복 25점 진행

---

① 서킷트레이닝
 - 콕 줍기50회 - 사이드스텝50회
 - 플라이오 메트릭 팔굽혀펴기50회
 - 크로스런지50회
② 남복, 여복 25점 진행 / 혼복 25점 진행

---

① 플라이오메트릭 훈련
 - 줄넘기 130~150bpm으로 200개씩 5세트 진행
② 무릎보강운동
 -스쿼트를 본인 무게에 맞추어 20분 진행
③ 남복, 여복 25점 진행 / 혼복 25점 진행

---

① 서킷트레이닝
 - 콕 줍기50회 - 사이드스텝50회
 - 플라이오 메트릭 팔굽혀펴기50회
 - 크로스런지50회
② 남복, 여복 25점 진행 / 혼복 25점 진행

경기력 분석 및 피드백 훈련

참고문헌

01 김봉섭 (2002). 올림픽 배드민턴 여자 복식 경기의 내용 분석. 한국여성 체육학회지, 16(1), 13-22.

02 김선진. (2009). 운동학습과 제어. 대한미디어.

03 김선진 외 16인(2018). 중학교 체육. 타임기획.

04 김우종 & 김진구. (2014). 명시, 암묵, 유사과제학습이 배드민턴 기술수행 및 학습에 미치는 영향. 한국스포츠심리학회지, 25(4), 15-25.

05 류동현, 송석현, & 한동욱. (2018). 배드민턴 숙련성에 따른 서브 수행 시 시각탐색전략. 체육과학연구, 29(2), 362-375.

06 서동휘. (2019). 시각 피드백 형태에 따른 배드민턴 초보자의 포핸드 언더 클리어 학습 효과 (Doctoral dissertation, 서울대학교 대학원).

07 장덕선, 황지만, & 이인화. (2011). 배드민턴 선수의 완벽주의와 성취목표 성향에 관한 관계탐색. 한국체육교육학회지, 16(2), 105-118.

08 하남길, & 외공. (2007). 체육과 스포츠의 역사. 한국체육사학회편, 경상 대학교출판부.

09 한동욱 & 서정석. (2010). 수용범위 결과지식의 형태에 따른 배드민턴 숏 서비스 정확성의 차이. 한국운동재활학회지, 6(4), 221-230.

10 Adams, J. A. (1971). A closed-loop theory of motor learning. Journal of motor behavior, 3(2), 111-150.

11 Carroll, W. R. & Bandura, A. (1990). Representational guidance of action production in observational learning: A causal analysis. Journal of motor behavior, 22(1), 85-97.

12 1Fujumoto josemari. (2017). How to 배드민턴. itBook.

13 GENTILE, A. (2000). Skill acquisition: Action, movement, and neuromotor processes. Movement Science, 111-187.

14 문화체육관광부. (2017년 1월 19일). 국민의 59.5% 생활체육 참여, 전년 대비 3.5%포인트 증가. 문화체육관광부 홈페이지. 검색일 2018년 3월

5일, 출처http://www.mcst.go.kr/web/s_notice/press/pressView.jsp?p
MenuCD=0302000000&pSeq=15845&pTypeDept=&pSearchType=
01&pSearchWord=&pCurrentPage=1.

15 KBS NEWS, (2017년 1월 16일). 생활체육 대세... 우리 동네 '배드민턴'
출처http://mn.kbs.co.kr/news/view.do?ncd=3412042

시작해!!
배드민턴

초판 1쇄 펴낸 날 | 2019년 11월 29일

지은이 | 서동휘, 황지만, 최섭
펴낸이 | 홍정우
펴낸곳 | 브레인스토어

책임편집 | 이슬기
편집진행 | 양은지
디자인 | 참프루, 이유정
마케팅 | 이수정

주소 | (04035) 서울특별시 마포구 양화로 7안길 31(서교동, 1층)
전화 | (02)3275-2915~7
팩스 | (02)3275-2918
이메일 | brainstore@chol.com
블로그 | https://blog.naver.com/brain_store
페이스북 | http://www.facebook.com/brainstorebooks

등록 | 2007년 11월 30일(제313-2007-000238호)

© 브레인스토어, 서동휘, 황지만, 최섭, 2019
ISBN 979-11-88073-43-6 (03690)

이 도서의 국립중앙도서관 출판시도서목록(CIP)은 서지정보유통지원시스템 홈페이지(http://
seoji.nl.go.kr)와 국가자료공동목록시스템(http://www.nl.go.kr/kolisnet)에서 이용하실 수
있습니다.(CIP제어번호: 2019045151)